Silke Schnorr

# Schöner wandern

## im Welterbe
## Oberes Mittelrheintal

W0277454

Steinhaus Ve[illegible]

**Die Autorin:**
*Silke Schnorr ist seit Jahren zu Fuß und mit dem Fahrrad im Rheintal auf Erkundungstour. Sie studierte in Mainz Germanistik, Deutsche Volkskunde und Philosophie und arbeitet seit 1997 als freie Texterin und Journalistin. Sie lebt in Koblenz.*



*1. Auflage 2005*

*Text und Fotografie: Silke Schnorr*
*Fotos auf S. 112, 120, 125, 126: © Rheinland-Pfalz-Tourismus GmbH*

*Kartenausschnitte: Geobasisinformationen (TK25/50) © Landesamt für Vermessung und Geobasisinformation Rheinland-Pfalz vom 14.04.2005, Az.: 26722-1.401*

*Druck: Druckhaus Cramer, Greven*

*ISBN: 3-00-015844-8*



*Titelbild: Blick auf die Loreley*
*Bild Innentitel: Burg Katz*
*Bilder Inhaltsverzeichnis, v.o.n.u.: Oberwesel, Ufer bei Lorch, Kloster Kamp-Bornhofen, Bacharach mit Blick auf Burg Stahleck, Ufer bei Osterspai, Aussichtspunkt Spitznack bei St. Goarshausen, Rhein bei Osterspai*

# Touren und Themen:

*Eine kurze Gebrauchsanweisung*

# Schöner wandern

**„Nichts ist für mein Empfinden angenehmer als diese Art zu reisen. Zu Fuß! Man ist sein eigener Herr, man ist frei und fröhlich; ... Man bricht auf, bleibt und geht wieder seines Wegs; nichts hindert einen, nichts hält einen zurück. ... Bei jedem Schritt kommt einem ein neuer Gedanke. Man fühlt gleichsam einen Bienenschwarm in seinem Kopf summen."**

*Victor Hugo (1802-1885) auf seiner Rheinreise 1840.*

Wer bekommt da nicht Lust zu wandern! Was Victor Hugo einst auf seiner Rheinreise erlebte, gilt heute mehr denn je. Auf kaum eine andere Art lässt sich das Mittelrheintal schöner und entspannter erkunden als bei einer Wanderung. Die mit Burgen gespickten Hänge, die Weinberge, die stillen Seitentäler und die vielen herrlichen Aussichtspunkte, die meist nur zu Fuß über schmale, gewundene Wanderpfade zu erreichen sind. Auch wer die Geschichte des Tales aus nächster Nähe erleben will, lässt das Auto am besten stehen und macht sich auf den Weg. Zur Wahl stehen 12 ausgesucht schöne Tageswanderungen, die unvergessliche Landschaftseindrücke bieten und die vielen Gesichter des Tales lebendig werden lassen, ob Romantik oder Weinbau, ob Burgenbau oder Sagenwelt, ob Bergbau oder Schifffahrt. Wer sich nur mal ein bisschen die Füße

**Hier geht´s lang:**

Damit Sie schnell finden, was Sie suchen, ist jedes Kapitel übersichtlich gegliedert: Nach einer kurzen Einstimmung auf die Tour folgt eine detaillierte Wegbeschreibung mit Höhenprofilen und Karten. Dann geht es weiter mit interessanten Hintergrundinformationen zu allem, was es unterwegs zu entdecken gibt und was einen Abstecher wert ist. Ergänzt wird jedes Kapitel durch zahlreiche Randnotizen mit Adressen von Verkehrsämtern, kostenlosen Parkmöglichkeiten, Anschriften von Museen und Einkehrtipps.

vertreten will, auch der wird fündig. Sieben wunderschöne Kurztouren, ideal für eine kleine Abendwanderung, stehen zur Auswahl.

## Gut zu Fuß

Ob lang oder kurz – feste Wanderschuhe sollten bei keiner Wanderung durchs Mittelrheintal fehlen. Besonders auf den schmalen und oft ziemlich steilen Pfaden kommt man damit eindeutig besser voran. Nicht schaden kann auch ein bisschen Kondition. Denn typisch für den Mittelrhein sind die zahlreichen An- und Abstiege. Los geht es immer im Tal, so dass bereits in den ersten Minuten einige Höhenmeter zu überwinden sind. Oft lässt auch das erste Seitental nicht lange auf sich warten. Und das heißt: Ins Tal hinab und auf der anderen Seite wieder hoch. Mit meist alpinem Charakter. Einziger Unterschied: Man ist schneller unten und auch schneller wieder oben. Allerdings gibt es Touren, auf denen drei oder mehr solcher Taleinschnitte zu bewältigen sind, was die Höhenmeter schnell summiert. Wanderzeit ist am Rhein übrigens das ganze Jahr über. Am schönsten jedoch ist es von April bis Oktober, von der Obstbaumblüte bis zur Weinlese.

## Informatives am Rand

Wie viele Höhenmeter eine Tour zu bieten hat, finden Sie in den Randbemerkungen der jeweiligen Tourenbeschreibung. Ebenso die Gehzeiten, zu denen Sie noch die Zeiten für Pausen dazurechnen sollten. Die Höhenprofile geben Ihnen einen guten Gesamteindruck über die An- und Abstiege einer Tour. Die gestrichelten Linien im Profil zeigen jeweils die Alternativrouten an und sind auch in der Karte gestrichelt. Ebenfalls in der Karte zu finden sind die angegebenen Gaststätten, die mit einem roten Symbol gekennzeichnet sind.

**_Bedeutung der Symbole:_**

- *Burg*
- *Aussichtspunkt*
- *Dorf*
- *Gaststätte/Café*

## Zu Fuß hin, mit der Bahn zurück

Die meisten Touren sind Rundtouren, einige jedoch sind Streckenwanderungen, d.h. Start und Ziel sind verschieden. Was im Mittelrheintal kein Problem ist, da selbst der kleinste Ort einen Bahnhof besitzt. Am besten vorher über die Abfahrtszeiten informieren. Wer ganz ohne Zeitdruck wandern will, legt die Bahnfahrt nicht an den Schluss der Wanderung, sondern an den Anfang, man parkt also am Ziel der Wanderung und fährt mit dem Zug zum Ausgangspunkt, um in aller Ruhe loszumarschieren.

*Über die genauen Abfahrtszeiten der Züge kann man sich vorab im Internet informieren unter www.reiseauskunft.bahn.de oder telefonisch unter: 0800/1507090 (kostenlose, automatische Fahrplanauskunft).*

# Oft umkämpft: Der Rhein

**Bevor man die Wanderschuhe schnürt, lohnt ein Ausflug in die Geschichte. Denn von der hat das Mittelrheintal eine Menge zu bieten. Und spannende dazu. Von der Grenze des römischen Imperiums bis zum Symbol nationaler Einheit hat der Rhein etliche Bedeutungswandel hinter sich. Eines jedoch war er fast immer: Begehrtes Eroberungsgebiet.**

Ein wilder Fluss ohne Straßen, statt Reben dicht bewaldete Hänge und von Burgen keine Spur – als vor rund 12.000 Jahren Steinzeitmenschen die ersten Siedlungsspuren im Tal hinterlassen, haben sie es vermutlich nicht leicht mit dem später so romantischen Fluss. Auch die Römer hätten mit der Romantik nicht viel anzufangen gewusst. Als sie 50 v.Chr. die Gallier und Germanen vom Rhein vertreiben, haben sie keinen romantischen Fluss, sondern einen wichtigen Transportweg und reiche Bodenschätze gewonnen. Über 500 Jahre profitieren sie von ihrer Eroberung. Vertrieben werden sie von den Alemannen und Franken, die sich nach und nach auf linksrheinischem, römischem Gebiet niederlassen.

*Welche Macht die Kurfürsten am Rhein besaßen, belegt der bei Rhens im 14. Jahrhundert errichtete Königsstuhl. Zwei deutsche Könige wurden hier gewählt. Ursprünglich stand er am Rhein, 1842 wurde er rekonstruiert und 1924 an den heutigen Ort oberhalb von Rhens versetzt.*

## Von der Grenze zur Achse

Ende des 5. Jhs. ist der Untergang des römischen Reiches am Rhein besiegelt. König Chlodwig fasst die eroberten Gebiete zum Fränkischen Reich zusammen. Rund 300 Jahre später, im Jahr 843, wird es unter den Enkeln Karls des Großen in drei Gebiete aufgeteilt: In ein westliches – das spätere Frankreich – in ein östliches und mittleres Reich, aus denen sich später Deutschland entwickelt. Bis südlich von St. Goar ist der Rhein Grenze zwischen dem östlichen und mittleren Reich. Doch dabei bleibt es nicht. Es wird erneut vereint und geteilt, bis 925 Heinrich I. ein Reich regiert, in dem der Rhein nicht mehr Grenze, sondern begehrte Achse ist.

## Die Macht am Rhein

Zwar hat im neuen Reich offiziell der König das Sagen, doch die Realität sieht anders aus. Um die aufmüpfigen Territorialherrscher gefügig zu machen, verteilen die Könige ihren Besitz als Lehen. Geliehen jedoch ist so gut wie geschenkt, und der königliche Besitz am oberen Mittelrhein schrumpft mehr und mehr. 1241 sind nur noch Boppard und Oberwesel Reichsgut. In Privathand geraten auch die königlichen Zölle, was zu einer deutlichen Preissteigerung führt. Die Händler murren, doch angesichts der seit dem 12. Jh. wie Pilze aus dem Boden sprießenden Burgen bleibt ihnen keine andere Wahl als zu zahlen. Bei der großzügigen Verteilung der Reichsgüter geht auch die Kirche nicht leer aus. Neben den Grafen von Katzenelnbogen und den Pfalzgrafen zu Rhein gehören bald die Erzbischöfe von Mainz, Trier und Köln zu den Großgrundbesitzern am Mittelrhein.

*Blick auf die Herrschaftszeichen zweier mittelalterlicher Machthaber: Die weltlichen und kirchlichen Fürsten. Hier im Vordergrund die Pfalz, im Hintergrund Burg Stahleck und die Liebfrauenkirche in Oberwesel.*

## Die unbedingten Herrn des Rheins

Der größte Besitz aber hilft nichts, als zuerst die Pest, dann die Reformation und schließlich dreißig Jahre Krieg über das Rheintal hinwegfegen. Die Folgen sind verheerend: Die Wirtschaft liegt am Boden, die Menschen hungern und leiden unter den ständigen Truppendurchzügen, unter Plünderungen, Einquartierungen und Zerstörungen. Als 1648 endlich Frieden ist, dauert er nicht lange. In Frankreich sitzt Sonnenkönig Ludwig XIV. und wirft begehrliche Blicke Richtung Rhein, den er gern als Frankreichs Ostgrenze sehen würde. 1689 setzt er seine Pläne in die Tat um. Die Devise lautet: „Zerstören Sie, demolieren Sie und setzen Sie sich dadurch in den Stand, die unbedingten Herren des Rheins zu sein ..." Fast alle Burgen am Rhein liegen bald in Schutt und Asche – außer der Marksburg und der Rheinfels, die 1692 der stattlichen Anzahl von 28.000 französischen Soldaten trotzt. Ihr Schicksal ist dennoch besiegelt. Als das revolutionäre Frankreich 1794 erneut den Rhein zur Staatsgrenze machen will, wird die Rheinfels kampflos an die französischen Truppen übergeben, die kaum einen Stein auf dem anderen lassen. 1795 gelingt dann endlich, was dem Sonnenkönig noch verwehrt blieb: Preußen und Österreich treten das linke Rheinufer an Frankreich ab, der Rhein wird zur Grenze Frankreichs.

## Ungeahnte Freiheiten

Für die Bevölkerung im Tal bringt die neue Regierung Ungeahntes, nämlich den Geschmack von Freiheit: Die Adelsherrschaft wird abgeschafft, die Feudalabgaben ebenfalls, dafür herrschen Religions- und Gewerbefreiheit und eine neue, liberalere Rechtsprechung. Die Weltpolitik aber macht dem Ganzen schon bald wieder ein Ende. Der Russlandfeldzug Napoleons endet in einer Niederlage, davon ermutigt lehnt Europa sich gegen die französische Herrschaft auf. In den Befreiungskriegen 1813 bis 1815, in dessen Verlauf Blücher bei Kaub den Rhein überquert, fällt das linke Rheinufer an das Königreich Preußen; schnell werden fast alle liberalen Errungenschaften der Franzosen zurückgenommen.

*1897 wurde in Koblenz das Kaiser-Wilhelm-Denkmal errichtet. Im Gegensatz zum Niederwalddenkmal in Rüdesheim verherrlichte es nicht den Sieg über Frankreich, sondern die 1871 errungene Einheit Deutschlands.*

## Die Wacht am Rhein

Auf dem Wiener Kongress 1815 erhält der neue Machthaber am Rhein eine bedeutungsvolle Aufgabe: Preußen ist künftig für die „Wacht am Rhein" zuständig. Rund 100 Jahre, bis zum Beginn des 1. Weltkrieges, wird es dieser Aufgabe gerecht. Eine Zeit, in der der Rhein zu nationaler Größe anschwillt und zum Symbol für die wiedergewonnene Einheit und Größe Deutschlands wird. Selbst Preußens Prinzen werden vom „Rheinvirus" infiziert und betätigen sich als Burgenbauer, während Literaten, Maler und Musiker den romantischen Seiten des Rheintals huldigen. Im Schlepptau haben sie die ersten Touristen. Sie kommen mit den seit 1827 den Rhein hoch schnaufenden Dampfschiffen und über die 1859 gebaute Eisenbahnstrecke. Auch die Winzer erleben zunächst gute Zeiten: In Preußen liebt man Rheinwein und die Geschäfte boomen. Bis die Reblaus aus Amerika eingeschleppt wird und billig mit der Bahn importierte Weine dem Rheinwein den Rang ablaufen. Der Weinanbau wird unrentabel und viele Rebflächen aufgegeben. Ein Rückgang, der im Weinanbaugebiet Mittelrhein bis heute anhält.

## Wieder Krieg

Ein Kuriosum bringt der 1. Weltkrieg mit sich. Mit dem Zirkel, angesetzt in Koblenz und Mainz, verteilen die Alliierten nach Kriegsende die Gebiete östlich des Rheins. Die Kreise aber überlappen sich nicht, sondern schaffen bei Kaub und Lorch ein Niemandsland: Den Freistaat Flaschenhals. Er existiert bis 1924 und hat sogar sein eigenes Geld hervorgebracht. Als Hitler 1933 an die Macht kommt, ist die Begeisterung für den neuen Reichskanzler groß. Zu spüren bekommen es wieder einmal, wie schon so oft in der Geschichte des Rheintals, die Juden, die verfolgt und vertrieben werden. Von den Zerstörungen des Krieges bleibt das Rheintal bis 1944 verschont, dann trifft es neben Bingen mit seinem Verschiebebahnhof vor allem Koblenz, das zu 85% zerstört wird. Nach Kriegsende wird das Obere Mittelrheintal geteilt: Der Rheingau bis Lorch gehört heute zu Hessen, der Rest – von Koblenz bis Bingen bzw. bis Kaub – zu Rheinland-Pfalz.

## Ein Tal im Aufbruch

2002 ist es endlich geschafft: Das Mittelrheintal von Koblenz bis Bingen bzw. Rüdesheim wird von der UNESCO zur Welterbestätte erklärt. Seitdem herrscht Aufbruchstimmung im Tal. Positives hat auch der Tourismus zu melden. Die Zahl der Touristen, die nach einem Boom zwischen den 60er und 80er Jahren in den 90er Jahren rapide zurückgegangen war, steigt seit einigen Jahren wieder an. Mehr als 20 Millionen Tagesausflügler besuchen heute pro Jahr das Rheintal. Zugenommen hat auch die Anzahl der Urlauber, die für mehrere Tage das Rheintal genießen. Nach wie vor rückläufig ist jedoch die Bevölkerungsentwicklung im Tal. Für Familien fehlt die Möglichkeit zu bauen und dank Bahn, Bundesstraßen und Schiffsverkehr ist es vielen zu laut im Tal, wovon die Höhengemeinden wiederum profitieren. Zudem fehlen Arbeitsplätze. Der Anteil der aus dem Tal auspendelnden Erwerbstätigen ist mehr als doppelt so hoch wie die Zahl der Einpendler.

*Das Welterbe Oberes Mittelrheintal erstreckt sich auf einer Länge von 65 km und umfasst eine Fläche von 650 Quadratkilometern. In 30 Städten und Gemeinden leben rund 120.000 Menschen.*

*Eine Hochburg des Tourismus: Rüdesheim.*

# Der Natur auf der Spur

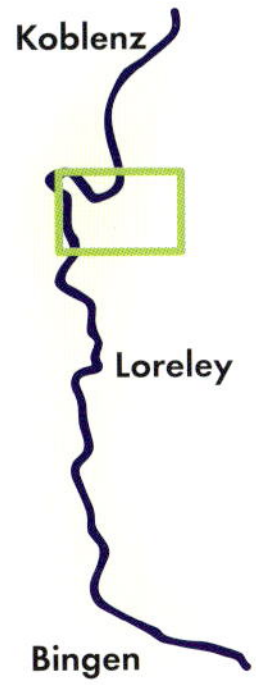


**Wandern heißt, die Natur entdecken. Und die ist im Mittelrheintal eine ganz Besondere. Der Grund sind die vielen verschiedenen Lebensräume, die das Tal zu bieten hat – sonnige Südhänge und schattige Seitentäler, Weinberge und Wälder. Durch alle Lebensräume geht es auf der „Na-Tour" rund um Osterspai, auf der ein Naturlehrpfad viel Wissenswertes zu Fauna und Flora des Tales verrät.**

Was hat die typische Hangneigung am Mittelrhein für Auswirkungen? Welche Vogel- und Tierarten leben im Tal und wo sind ihre bevorzugten Lebensräume? Dies und noch viel mehr verraten Naturkundetafeln auf dem traumhaft schönen Naturlehrpfad oberhalb von Filsen. Doch nicht nur der Naturlehrpfad hat einiges in Sachen Natur zu bieten. Unterwegs geht es durch Streuobstwiesen, durch die Hochwälder des Taunus und hinab in eines der typischen Seitentäler des Rheintals, ins Dinkholder Bachtal. In sonniger Hanglage führt der Weg durch still gelegte Weinberge und durch eine im späten Mittelalter genutzte Waldart, den Niederwald. Ziel- und Startpunkt ist das liebevoll restaurierte Fachwerkdörfchen Osterspai.

*Abendstimmung am Rhein: Blick vom Aussichtspunkt Grendling auf Osterspai und das Naturschutzgebiet „Auf der Schottel".*

### Vielfalt auf zwei Promille

Bäche, Nasswälder, Felshalden, Streuobstwiesen, alte Burggemäuer, Weinberge – die Vielfalt der Lebensräume hat im Mittelrheintal eine eindrucksvolle Pflanzenwelt hervorgebracht. 1300 Gefäßpflanzen haben hier einen passenden Lebensraum gefunden. Damit kommen 33% aller in der Bundesrepublik wild lebenden Arten auf nur 0,2‰ der vorhandenen Fläche vor. Möglich wurde diese Vielfalt auch durch den Eingriff des Menschen. Denn ohne die seit Jahrhunderten anhaltende Nutzung wären die Hänge des Mittelrheintals überwiegend mit Wald bedeckt.

*Linke Seite:*
*Weite Blicke gibt der Naturlehrpfad oberhalb von Filsen frei. Links Kamp-Bornhofen, rechts Bad Salzig.*

# Rund um Osterspai und Filsen

***Tourdaten***

***Länge***
*Kurze Tour: ca. 10 km*
*Lange Tour: ca. 18,5 km*
*(beides Rundtouren)*

***Gehzeit***
*Kurz: ca 2 ½ Std.*
*Lang: ca. 5 ½ Std.*

***Charakter***
*kurzweilige Tour durch Obstwiesen und Wälder, überwiegend feste Waldwege, am Rheinhang wunderschöne Pfade*

***Parken***
*Kostenfrei am Rheinufer in Osterspai*

***Essen & Trinken***

***Restaurant "Altes Tor"***
*56341 Filsen*
*Tel.: 06773/333*
*Mo Ruhetag*

***Gutsausschank Didinger***
*(nur kalte Speisen)*
*Rheinuferstraße 13*
*56340 Osterspai*
*Tel.: 02627/512*
*Mi Ruhetag*

Los geht es in Osterspai am Rheinufer. Zunächst führt die Tour bis zum Ortsausgang Richtung Filsen (entweder am Rhein entlang oder durch den Ort) bis zur Straße, die die Bahnlinie unterquert. Dieser Straße folgen und die nächste Querstraße rechts Richtung Sportplatz nehmen. Von hier führt der Weg durch Obstbaumwiesen bis nach Filsen. In **Filsen** geht es geradeaus bis zur Dorfmitte. Vor der Tordurchfahrt des alten Rathauses nach links abbiegen. Nach wenigen Metern biegt rechts ein Pfad vor einem holzverkleideten Haus ein (leicht zu übersehen, Rheinsteig). Dem Pfad zunächst dem Hang entlang, dann weiter auf die Höhe folgen, bis man auf den **Naturlehrpfad** stößt. An der **Filsener Lei** angekommen, geht es mit wunderbarem Blick ins Rheintal den Hang entlang. Am Sendemast nach links und den nächsten Weg nach rechts abbiegen und weiter bis zur Teerstraße. Hier teilt sich die Tour in eine lange und kurze Tour: Wer sich für die lange Tour entscheidet, folgt dem Teerweg nach rechts den Hang hinauf. Nach wenigen Metern geht es in den Wald. An der ersten Kreuzung die Beschilderung ignorieren und sich zunächst weiter geradeaus halten. Vorbei am Jagdhaus, den ersten Weg nach rechts in die Wiesen abbiegen. Bis zum nächsten Querweg gehen, wo es nach links weitergeht. Von hier dem Weg ca. 1,5 km durch den Wald folgen. Am Schilderpfosten angekommen, nach links Richtung "Dinkholder Tal" abbiegen. Auf einem Schotterweg geht es erneut ca. 1,5 km durch den Wald, bis rechts ein Pfad abzweigt, der bergab ins **Dinkholder Tal** führt. Im Tal angekommen, links halten. Nach ca. 1 km (nach einer steinernen Brücke über den Bach) scharf links in den Rheinsteig einbiegen, der steil den Hang hochführt. Nun geht es wieder auf die Höhe und weiter den Rheinhang entlang, vorbei an einem wunderschönen Aussichtsplatz mit Blick Richtung Koblenz, bis zu einer Weggabelung, an der es rechts weitergeht. Durch längst aufgegebene Weinbergslagen führt der Weg bis zum Parkplatz des

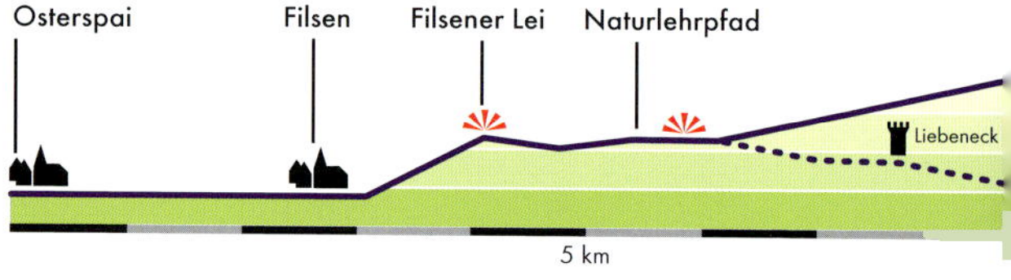

**Wasenbachtals**. Auf dem Parkplatz Richtung Rhein halten und links an der Wanderinfo vorbei in den Rheinsteig einbiegen. Es geht über die **Kipplei** erneut am Rheinhang entlang, durchs Heiligenbachtal und hinauf auf eine kleine Anhöhe, bis nach ca. 2 km der Weg auf eine Teerstraße stößt. Hier nach rechts und am Ortseingang erneut nach rechts abbiegen, die Bahn überqueren und weiter bis nach **Osterspai**.

*Liebevoll restauriert: 1998 wurde Osterspai mit dem Preis „Unser Dorf soll schöner werden" ausgezeichnet.*

### Kurze Tour:

Wer lieber die kurze Runde gehen möchte, biegt an der Teerstraße links ab. Es geht vorbei an der Domäne Marienberg bergab bis zum Abzweig nach **Schloss Liebeneck**. Dort links halten und bis zum Schloss gehen. Kurz vor der Anlage, die nur von außen zu besichtigen ist, biegt rechts ein Pfad ab, der den Hang hinab führt. Der Pfad trifft nach einigen Serpentinen auf den Rheinsteig. Diesem nach rechts folgen bis zur Teerstraße, auf der es links hinab ins Tal geht. Am Ortseingang von **Osterspai** nach rechts abbiegen, die Bahn überqueren und weiter bis zur Dorfmitte gehen.

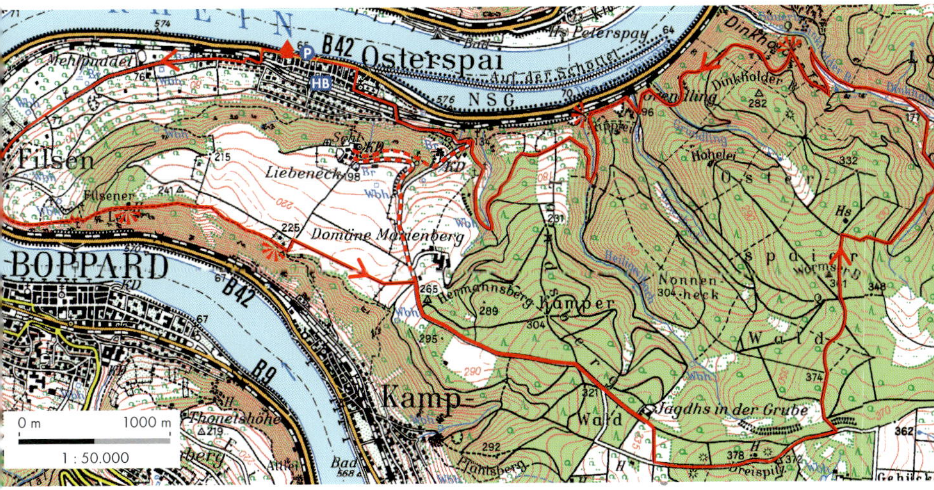


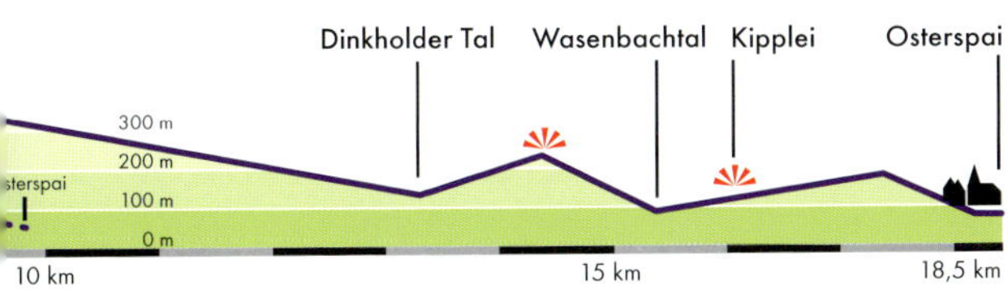

# Ein Stück Süden im Norden

Wer gerade auf dem Naturlehrpfad unterwegs ist und kurz darauf in die Wälder des Taunus eintaucht, wird es schnell merken, vor allem an Sonnentagen: Kleinklimatisch gibt es im Mittelrheintal enorme Unterschiede. Der Naturlehrpfad verläuft rechtsrheinisch und das heißt, auf der Südseite. Hier auf den sonnenbeschienenen Hängen wächst und gedeiht vor allem eine mediterrane Pflanzenwelt. Ganz

### In Fugen und Ritzen

Ein wichtiger Lebensraum sind die zahlreichen Trockenmauern im Mittelrheintal. Denn sie bieten zwei ganz unterschiedliche Lebensräume: Trocken-warme Steine und zugleich kühle Mauerfugen, in denen z.B. Mauereidechsen nach einem Sonnenbad Schutz finden. Gleiches gilt für die vielen historischen Gemäuer im Mittelrheintal, insbesondere die Burgen. Ihre locker verfugten Mauern bieten zahlreichen Pflanzenarten einen geschützten Lebensraum.

anders sieht es auf den Nordhängen und auf den Höhen aus. Wenn im Tal die Obstbäume zu blühen beginnen, zieht man sich auf den Höhen noch einmal den Schal um die Ohren. Fast drei Grad liegt die Durchschnittstemperatur auf den Hügeln von Taunus und Hunsrück niedriger als in der Talregion. Blühen in Filsen auf einer Höhe von 77 m Mitte April die Apfelbäume, dauert es in Lykershausen mit einer Höhe von ca. 350 m bis Anfang Mai. Genau diese Unterschiede sind es, die Pflanzen aus der halben Welt ins Mittelrheintal gelockt haben: Neben submediterranen haben subatlantische und subkontinentale Pflanzen hier einen neuen Lebensraum gefunden. Und alle treffen sie hier optimale Bedingungen an. Die aus dem Westen lieben das milde Winterklima, die ursprünglichen Mittelmeerbewohner die sonnigen und trockenen

Felshänge, die östlichen Einwanderer fühlen sich auf den Höhen des Schiefergebirges und an den kühlen Nordhängen wohl. Und meist ist der Mittelrhein die äußerste Grenze ihres Verbreitungsgebietes. Aus welcher Himmelsrichtung sie auch kommen.

*Auch beim Weinbau spielt die Hangseite eine entscheidende Rolle: Taleinschnitt zwischen Oberwesel und Bacharach mit sonnenbeschienenen Weinbergen und schattiger Waldlage.*

### Löwenmäulchen auf der Flucht

Was am Mittelrhein zu den charakteristischsten Lebensräumen zählt, lässt sich bei einer Fahrt durchs Tal schnell entdecken: Die Felsen. Sie bilden das Zentrum der größten außeralpinen Felsregion Deutschlands. Und sie sind Lebensraum vieler Lebensgemeinschaften. Zu ihnen gehören Flechten, die direkt auf dem Gestein siedeln, Farne, die sich überwiegend in Felsspalten wohl fühlen, und sogenannte Felsgrusgesellschaften, die sich mit einer wenige Zentimeter dicken Bodenschicht begnügen. Einen ganz besonderen Lebensraum hervorgebracht haben auch die Schieferhalden. So hat die „Iberis intermedia ssp. boppardiensis", die Bopparder Schleifenblume, ihr einziges Vorkommen auf steinschuttreichen Standorten bei Boppard. Auch rund um die Burgen und Ruinen hat sich eine eigene Flora ausgebreitet: Die Flüchtlinge aus den Burggärten. Einst von den Burgbewohnern gehegt und gepflegt, sind zahlreiche Heil- und Zierpflanzen im Laufe der Jahrhunderte zu Gartenflüchtlingen geworden. Darunter das große Löwenmäulchen ebenso wie die Deutsche Schwertlilie.

*Aus Japan eingewandert ist der japanische Staudenknöterich, der sich vor allem am Rheinufer wohlfühlt. Wie er haben zahlreiche Neophyten in ihrer neuen Heimat keine natürlichen Feinde. Sie breiten sich ungehindert aus und verdrängen einheimische Arten.*

### ssp. bornicensis FCHS.

Was beinahe wie eine Fußballmannschaft klingt, ist es bei weitem nicht. Vielmehr handelt es sich um eine Schmetterlingsunterart, die nur an einem Ort weltweit vorkommt: Bei Bornich in der Nähe von St. Goarshausen. Insgesamt neun Schmetterlingsarten sind am Mittelrhein endemisch, das heißt, sie kommen nur im Mittelrheintal vor. Umgekehrt aber hat das Tal einen zunehmenden Artenschwund zu beklagen, unter anderem aufgrund des anhaltenden Rückgangs der Weinbergsflächen, die nach ihrer Aufgabe zunehmend verbuschen. So stehen bereits zahlreiche Tagfalter, Heuschrecken und Spinnenarten auf der "Roten Liste". Geschützt werden sollen sie unter anderem durch 24 Naturschutzgebiete, 14 Flora-Faunahabitat-Gebiete, ein Europa-Reservat (der Rüdesheimer Aue) und ein Ramsargebiet. Insgesamt machen die Schutzgebiete rund 30% der Fläche des Welterbes aus.

*Leuchtendes Grün im Winter: Die stinkende Nieswurz beginnt bereits in der kalten Jahreszeit zu blühen. Sie hat im Mittelrheintal ihr nördlichstes Verbreitungsgebiet.*

## Schnelle Hölzer

Bedroht ist auch eine besondere Waldform des Mittelrheintals, die der Holzmangel des späten Mittelalters hervorgebracht hat: Der Niederwald. Durch den enormen Bedarf der Eisenindustrie an Holzkohle verringerte sich der Bestand des Hochwaldes zusehends. Und leider wuchs er zu langsam nach. Also ging man zur Niederwaldwirtschaft über. Junge Laubbäume, vor allem die Traubeneiche, wurden dicht über dem Boden abgeschlagen, so dass aus den Stümpfen schnell nachwachsende Triebe wuchsen. Erkennen lässt sich der Niederwald auch heute noch, so beispielsweise in der Nähe des Wasenbachtals kurz vor Osterspai.

## Unter Wasser

Einiges verändert hat sich im Laufe der Jahre auch unterhalb der Wasserlinie, wo lange trübe Aussichten herrschten. Der Tiefpunkt war 1975 erreicht: Nur noch 23 Fischarten lebten im stark verschmutzten Rheinwasser. Heute ist der Rhein wieder rein. 48 Arten, darunter Flussbarsche, Rotaugen, Blicken, Rapfen und Brachsen, leben im Rhein, 12 davon sind aus anderen Gewässern zugewandert, zum Beispiel über den Rhein-Main-Donau-Kanal. Wieder im Rhein zu finden ist auch der Lachs. 1940 verschwunden, wandert er seit wenigen Jahren wieder von der Mündung bis zum Mittelrhein, um in der Wisper zu laichen.

*12 Naturlehrtafeln am Rheinhang bei Filsen bieten interessante Einblicke in Flora und Fauna des Mittelrheintals.*

# Einen Abstecher wert:

## Weinreben statt Wassergraben

Direkt am Rheinufer thront die alte Wasserburg von Osterspai. Ihre einstige Wehrhaftigkeit hat sie allerdings eingebüßt. Denn statt eines Wassergrabens umgeben sie heute Weinreben. Auch der Wohnturm, der aus dem 14. Jh. stammt, hat sein Aussehen verändert. Der Fachwerkbau wurde erst 1910 angebaut.

## Seltenes Fachwerk

In der Wachpforte des Torbaus sitzen ab 1611 die Filsener und sorgen dafür, dass ihr Örtchen sicher vor Räubern und Gesindel ist. Den zweigeschossigen Fachwerkbau haben sie auf einen massiven Torbau der Ortsbefestigung aufgesetzt. Architektonisch hat er mit den die Halsriegel überschneidenden Kreuzstreben eine kleine Besonderheit zu bieten.

## Liebevolle Details

Ein Dörfchen voll mit verträumten und einladenden Winkeln ist Osterspai. Die Struktur des mittelalterlichen Ortskerns ist ebenso wie die historische Bebauung ab dem 16. Jh. fast vollständig erhalten. Mit viel Liebe zum Detail wurde sie in den vergangenen Jahren restauriert.

## Barockes für Jäger

Hoch über Osterspai ragt das Schlösschen Liebeneck auf. Um 1700 wird es als Jagd- und Sommerschlösschen von den Freiherren von Waldenburg erbaut. Die Gesamtanlage besteht aus einem barocken Wohnhaus, einem Wirtschaftshof, einem Schlossgebäude mit Rundturm und einem Schlossfriedhof. Die Anlage ist nur von außen zu besichtigen und liegt auf der Route der kurzen Tour.

***Tourist-Information Braubach***
*(zuständig für Filsen und Osterspai)*
*Rathausstraße 8*
*56388 Braubach*
*Tel.: 02627/976001*
*www.braubach.de*

***Infos über Filsen***
*www.filsen.de*

***Infos über Osterspai***
*www.osterspai.de*

*Rund um Boppard und ein Abstecher an die Lahn*

# Die Römer am Rhein

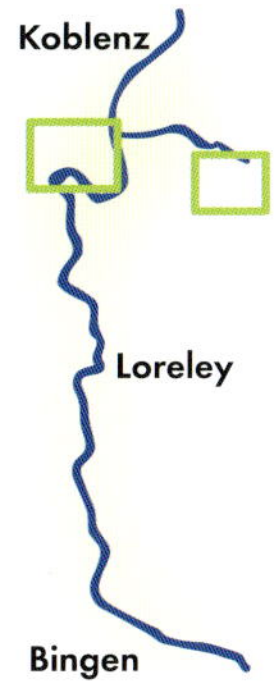


**Ob „seenreiche" Aussichtspunkte, alpine Abstiege, steile Weinberge, domähnliche Buchenwälder oder kurvenreiche Täler: Die beiden „Römertouren" haben viel Abwechslung zu bieten. Und viel Geschichte. Rund um Boppard erzählen alte Mauern von Bodobrica. Rund um Nassau geht es an einer alten Grenze entlang: Dem Limes.**

500 Jahre Herrschaft haben Spuren hinterlassen. Manchmal eindrucksvolle, wie die Mauern des römischen Kastells in Boppard, wo Tour 1 startet und auch endet. Manchmal gut versteckte wie die ehemalige Wasserleitung bei Brey, an der es unterwegs vorbeigeht. Wieder in Boppard, kommen nicht nur Römerfans auf ihre Kosten. Die Uferpromenade lockt mit Cafés, das Thonetmuseum mit weltberühmten Stühlen und zahlreiche Weingüter mit Spitzenweinen aus dem Bopparder Hamm. Zur ehemaligen Grenze des römischen Reiches führt Tour 2. An den Resten des ehemaligen Grenzwalles entlang, der sich noch heute zum Teil gut sichtbar erhebt, geht es aussichtsreich rund um das historische Städtchen Nassau und durch das idyllische Mühlbachtal.

*Boppard heute: Ein touristischer Anziehungspunkt mit einer attraktiven Uferpromenade.*

### Römischer Schwerlastverkehr

Der Rhein ist für die Römer – trotz der zahlreichen von ihnen erbauten Fernstraßen – der wichtigste Transportweg vom Süden in den Norden. Schwere Lasten wie Baumaterial, Mühlsteine oder Weinfässer transportieren sie auf Schwergutfrachtern, den sog. Prahmen. Die kastenartigen Schiffe, die sowohl Ruder als auch Segel besitzen, sind bis zu 40 m lang und 5,5 m breit. Gegen die Strömung können sie getreidelt, das heißt vom Ufer aus gezogen werden, wofür bereits befestigte Treidelpfade existieren.

*Linke Seite:*
*Die Mauern des Bopparder Kastells, entstanden um 360, gehören zu den am besten erhaltenen Wehrmauern in Deutschland.*

# Rund um Boppard

Start der Tour ist im Zentrum von Boppard. Vom Parkplatz aus geht es am Rheinufer entlang, bis zum Kronentor, durch das der Weg zum Marktplatz führt. Vorbei an St. Severus geht es über den Platz geradeaus zum Kastell und von dort wieder zurück zum Rhein und links am Ufer entlang bis zur B9. Der Straße nach rechts ein Stück folgen und gleich die nächste Straße nach links ins Mühltal abbiegen. Nach der Bahnunterführung biegt nach wenigen Metern rechts ein Pfad ab, der sehr steil zum **Gedeonseck** hochführt. Eine Alternative ist die Sesselbahn, die wenige Meter weiter startet. Ziel ist in beiden Fällen das Gedeonseck, von wo es über die Teerstraße Richtung **Vierseenblick** weitergeht. Dort angekommen, den Aussichtspunkt rechts liegen lassen und weiter geradeaus in den Wald gehen. Zunächst ein Stück der Straße folgen und dann nach rechts in einen Pfad abbiegen mit der Markierung „R“. Es geht über den Mühltalblick bis zur Engelseiche. Dort nach rechts abbiegen und dem Schotterweg folgen bis zum Abzweig Richtung Eichenallee. Nun geht es steil bergauf. Der Weg führt durch eine alte Eichenallee bis zur Hedwigseiche (der „43“ folgen). An der Eiche nach rechts abbiegen Richtung Hünen-

***Tourdaten***

***Länge***
*ca. 26,5 km (Rundtour)*

***Gehzeit***
*ca. 7 ¼ Std.*

***Charakter***
*ideal für alle, die gern „marschieren“, lange, aussichtsreiche Wald- und Höhenwege, langer Talanstieg*

***Parken***
*auf dem Parkplatz P2, von Koblenz kommend die letzte Ausfahrt nach Boppard nehmen und der Beschilderung folgen*

***Essen & Trinken***

***Restaurant Zum Schiffchen***
*Am Rhein 4*
*56321 Rhens*
*Tel.: 02628/2216*
*www.zum-schiffchen.de*
*Mi. Ruhetag*

***Jakobsberg***
*(Golfhotel)*
*Im Tal der Loreley*
*56154 Boppard/Rhens*
*Tel.: 06742/8080*
*info@jakobsberg.de*
*www.jakobsberg.de*

*Ausflugslokale **Gedeonseck** und **Vierseenblick***

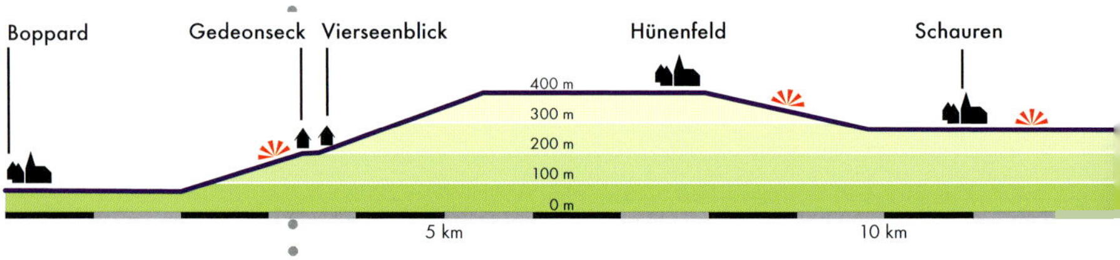

feld. Diesem Weg ca. 1 km folgen, bis rechts ein Pfad erneut Richtung **Hünenfeld** abzweigt. Nach wenigen Metern geht es durch ein Torgatter hindurch und weiter geradeaus am Waldrand entlang bis zu dem kleinen Dörfchen Hünenfeld (mit ein bisschen Glück ist hier Rosis Wanderstube geöffnet). An der Kreuzung im Ort den rechten der beiden nach rechts abbiegenden Wege nehmen. Der geschotterte Weg führt den Hang hinab. Nach einer S-Kurve geht es am Waldrand entlang bis zu einem aussichtsreichen Rastplatz. Von hier noch ein Stück bergab gehen und nach rechts dem Weg folgen, der durch ein kleines Tal bis zu den Höfen **Schauren** führt. Dort an der Kapelle nach links abbiegen. Nun geht es mit weiter Sicht auf die Marksburg den Berg hinab bis fast an den Rhein. Leider ist der fast fünf Kilometer lange Weg geteert, die Landschaft entschädigt allerdings für den wanderunfreundlichen Untergrund. An den ersten Häusern von Rhens angekommen, nach rechts abbiegen (ca. 100 m nach dem auf der rechten Seite liegenden Wasserhaus). Über einen Wiesenweg geht es an den links liegenden Gärten vorbei bis zu einer kleinen Kapelle. Von hier geradeaus weiter einem Pfad folgen bis zur Straße. Dort wenige Meter nach links gehen und gleich wieder nach rechts abbiegen. Den Bach überqueren und links ein Stück am Bach entlang und dann den Hang hinauf bis zum Rastplatz „An der Römerecke". Von hier folgt die Route der „Römerstraße" durch das Neubaugebiet von **Brey**. Nach einer leichten Rechtskurve, der Straße weiter nach links folgen bis zur Kreuzung. Hier nach rechts Richtung Sportplatz abbiegen. An der folgenden Gabelung nach rechts in die Schotterstraße einbiegen. Der Abstecher zur **römischen Wasserleitung** biegt hinter dem Sportplatz nach links ab und führt vor dem Sportplatzgebäude vorbei schräg links den Hang hoch bis zu der unterirdisch liegenden und zum Teil frei gelegten Wasserleitung. Nach der Besichtigung geht es den gleichen Weg zurück bis zur Schotterstraße. Hier nach links abbiegen und dem Breuertalbach folgen. Es geht ca. 2,5 km bergauf. Nach einer Linkskurve folgt

***Weinstube***
***Fondel's Mühle***
*Mühltal 8*
*56154 Boppard*
*Tel.: 06742/5775*

***„Bellevue" Rheinhotel***
*(4-Sterne-Hotel)*
*Rheinallee 41*
*56154 Boppard*
*Tel.: 06742/1020*
*info@bellevue-boppard.de*
*www.bellevue-boppard.de*

***Restaurant Hirsch***
*(gehobene Küche)*
*56154 Boppard-Hirzenach*
*Tel.: 06741/2601*
*info@gasthaus-hirsch.net*
*www.gasthaus-hirsch.net*

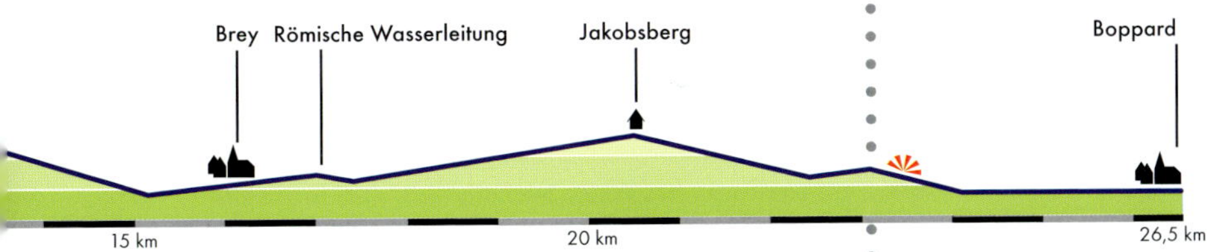

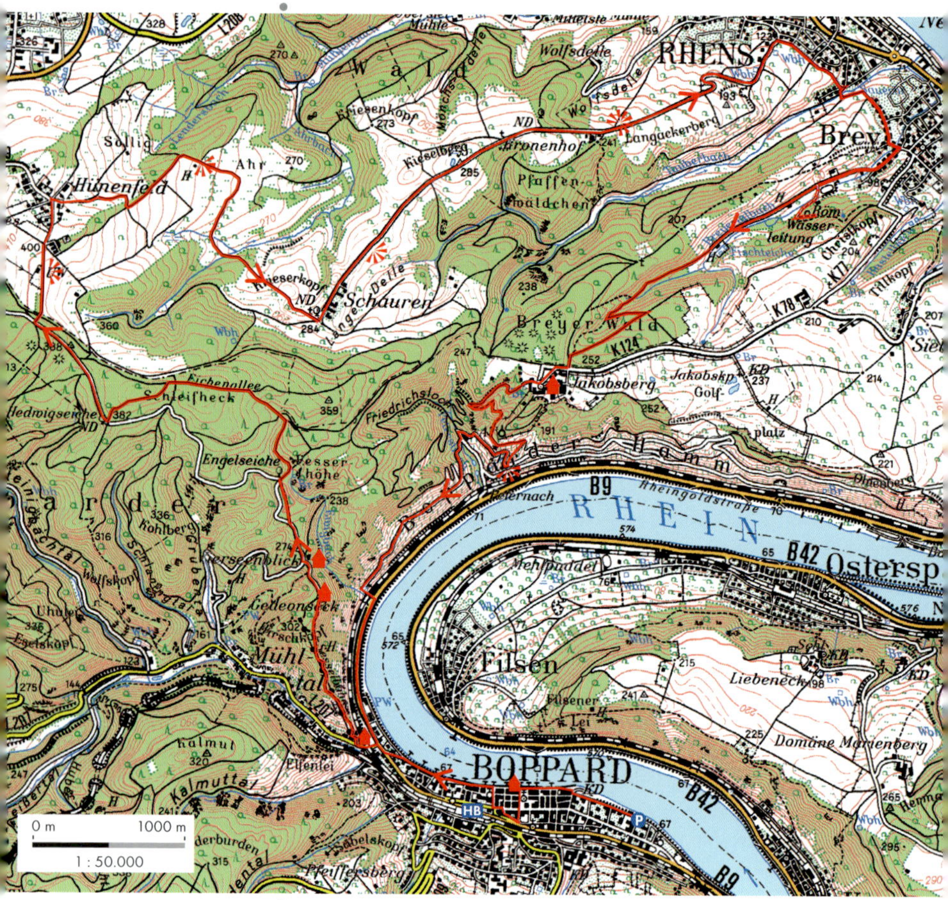


kurz darauf eine Kreuzung. Hier nach rechts abbiegen und weiter bis zur K78. Der wenig befahrenen Straße nach rechts folgen und den übernächsten Weg links abbiegen. Auf dem Vorplatz des Hotels **Jakobsberg** angekommen, geht es rechts weiter bergab Richtung Wald (der „36" folgen). Ein Stück dem Waldweg folgen und in einer Rechtskurve nach links in einen Pfad einbiegen. Auf diesem Pfad bleiben bis zum nächsten Querweg, hier nach links abbiegen und den Hang entlang bis zum nächsten Abzweig gehen. An diesem nach rechts abbiegen und dem Weg bergab folgen bis zum Aussichtspunkt „Am Mandelstein". Von dort geht es scharf rechts weiter ins Seitental hinab. Im Tal nach links und gleich wieder nach rechts abbiegen. Der Weg führt schräg den Hang hinauf Richtung Rhein bis zur Kläranlage. Dahinter die Treppe hinab zum Rhein nehmen. Das letzte Stück der Route geht es nun am Rheinuferweg entlang zurück bis nach **Boppard.**

# Zum Limes an die Lahn

Die Tour beginnt in Nassau. Vom Parkplatz führt der Weg zur Lahnbrücke, weiter über die Lahn und nach rechts den Lahnfußweg entlang. Nach der Straßenunterführung nach rechts und vor dem Waldrand nach links einbiegen. Der Schotterweg führt ein Stück am Mühlbach entlang. Bevor der Weg den Bach überquert, geht es rechts einen schmalen Pfad steil den Berg hoch („L" folgen). In langen Serpentinen führt der Pfad über einen schönen Aussichtspunkt bis auf ein Teersträßchen, wo es nach rechts weitergeht. Von hier dem Weg folgen bis nach **Misselberg**. Am Ortseingang nach rechts abbiegen, durch den Ort hindurch, am Ortsende rechts halten (Taunusstraße) und weiter dem „L" folgen bis zum „Buchardihaus". Der Weg führt hinter dem Gebäude entlang und biegt am Waldrand als Pfad nach links ab. Es geht an zwei Aussichtspunkten vorbei, von denen der erste den Blick nach Nassau, der zweite den Blick nach Dausenau freigibt. Am Waldrand angekommen, nach rechts abbiegen und gleich darauf nach links (wieder „L" folgen). Der Weg führt nun zunächst durch Wald, dann am Waldrand entlang mit schönem Blick Richtung Bad Ems bis zu einer Teerstraße. Auf der geht es geradeaus weiter bis zur L333. Dort ein kurzes Stück links und gleich wieder links in den Wald einbiegen. Hier beginnt der **Limesweg**. Nach der Anhöhe befindet sich rechts des Weges ein flacher Wall. Mit ein bisschen Fantasie lassen sich hierin die Reste des einstigen Limeswalles erkennen. Wer einen kurzen Abstecher nach **Becheln** machen will, biegt rechts ab. Für die ande-

*Weiter Blick über den Taunus: Die Femelinde oberhalb von Schweighausen.*

***Tourdaten***

***Länge***
*ca. 24 km (Rundtour)*

***Gehzeit***
*ca. 6 ½ Std.*

***Charakter***
*abwechslungsreiche Tour mit steilem Anstieg und gemütlichem Höhenweg mit herrlichem Blick über den Taunus. Langer, schöner Talabstieg*

***Parken***
*Schwimmbad-Parkplatz in Nassau (der Beschilderung Leifheit folgen)*

***Essen & Trinken***

***Restaurant und Café Zur Stadthalle***
*Amtsstraße 8*
*56377 Nassau*
*Tel.: 02604/942483*
*www.restaurant-stadthalle-nassau.de*

***Burg Nassau***
*56377 Nassau*
*Tel.: 02604/942954*
*info@burg-nassau.de*
*www.burg-nassau.de*

ren geht es geradeaus weiter. Der Weg folgt jetzt ca. 3 km exakt dem Verlauf der ehemaligen Grenzanlage. Man überquert die K6 und stößt nach ca. 1,5 km auf die K8. Von hier einem Pfad folgen, bis man wieder auf K8 stößt. Der wenig befahrenen Straße nun ein Stück folgen, die L332 überqueren und an der Femelinde nach links abbiegen. Dem Weg ein Stück folgen und die nächste Möglichkeit nach rechts abbiegen. Nun geht es am Wald entlang bis zu den Höfen Dörstheck. Vor den Höfen nach

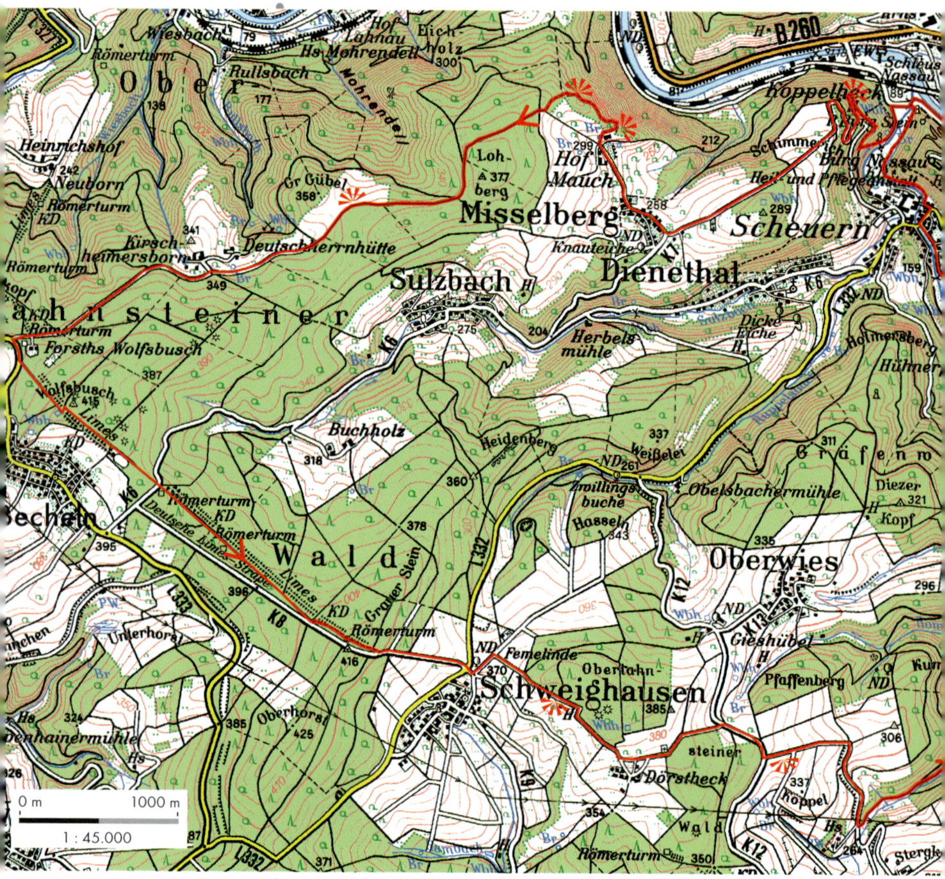


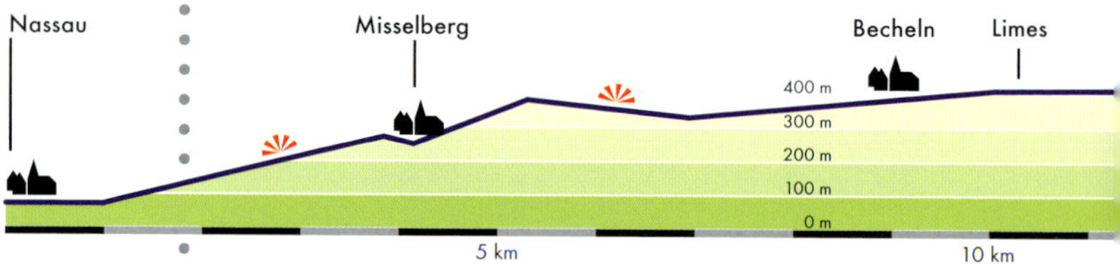

links abbiegen und bis zur K12 weitergehen. Hier rechts halten und ein Stück der kaum befahrenen Straße folgen. Den nächsten Teerweg nach links und am zweiten Abzweig nach rechts abbiegen. Der Weg führt bis zu einer Kläranlage, wo kurz vorher scharf links ein Weg ins Mühlbachtal abbiegt. Diesem Weg folgen bis zu einer Gabelung, an der es rechts weitergeht (der Weg mit der Schranke). Im **Mühlbachtal** angekommen, geht es über eine Brücke auf die andere Bachseite und links den Talweg weiter bis nach Bergnassau. Dort am Waldrand zunächst rechts halten und direkt hinter der Mühlbachbrücke nach links abbiegen. Von hier am Bach entlang bis zur Hauptstraße von Scheuern, dort nach rechts und die übernächste nach links abbiegen („Am Burgberg"). Nach wenigen Metern rechts in einen Pfad einbiegen und dem Schild **„Nassau"** folgen. An der nächsten Gabelung rechts halten und weiter bis zur B260. Von dort am Uferweg die Lahn entlang zurück bis zum Parkplatz.

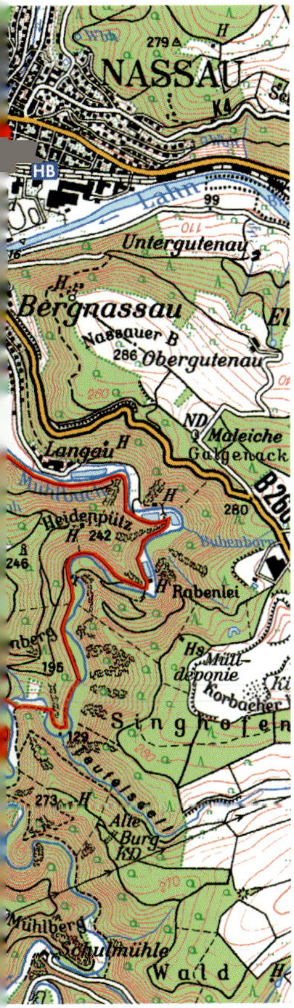


**Tourist-Information**
**Nassauer Land**
*Obertal 9a*
*56377 Nassau*
*Tel.: 02604/951991*
*Fax: 02604/952525*
*info@nassau-touristik.de*
*www.nassau-touristik.de*

*Der „Adelsheimer Hof" wurde 1607/09 erbaut. Seit 1912 ist er Sitz des Nassauer Rathauses. Die Schnitzereien des Fachwerks gehören zu den wertvollsten in Rheinland-Pfalz.*

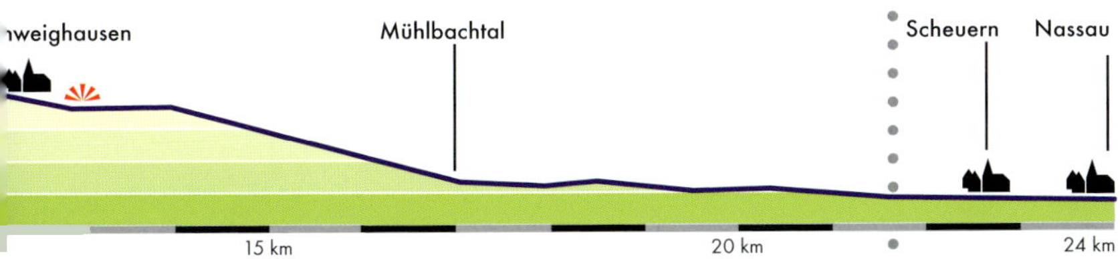

# Im Schutz eines Zauns

*So könnte er ausgesehen haben: Rekonstruierter Limesturm bei Hillscheid im Westerwald (ca. 10 km von Koblenz entfernt).*

Boppard hat eine Besonderheit zu bieten: Gleich sechs Bäche münden hier in den Rhein. Mit ihrem Geröll haben sie nicht nur einen breiten Uferstreifen geschaffen, die Taleinschnitte ermöglichen auch einen leichten Zugang zu den Höhen des Hunsrücks. Bedingungen, die für die Römer optimal sind: Im 1. Jh.n.Chr. gründen sie an der Rheinschleife die kleine Straßensiedlung Bodobrica.

## Widerspenstige Germanen

Bevor es jedoch so weit ist, gilt es, die Gallier und die Germanen in den Griff zu bekommen. Die linksrheinisch lebenden Gallier sind bereits 51 v.Chr. besiegt. Mit den Germanen haben es die neuen Machthaber nicht ganz so leicht: Immer wieder starten sie von den Höhen der rechten Rheinseite Eroberungsfeldzüge Richtung Rhein. 12 v. Chr. wird es den Römern zuviel: Sie überrennen die rechtsrheinischen Höhenzüge und wollen die Germanen bis zur Elbe unterwerfen. Ein Ziel, das ihnen eine historische Niederlage einbringt. In der Schlacht im Teutoburger Wald 9 n.Chr. werden sie mit ca. 20.000 Mann von germanischen Stämmen besiegt. Widerwillig begnügen sich die Römer mit der Rheingrenze und beginnen, das rechtsrheinische Hinterland mit einer Grenzanlage abzusichern – dem Limes. Eine Maßnahme, die nach Jahren des Krieges endlich Frieden schafft und sogar zum Handel zwischen Germanen und Römern führt.

*In allen Teilen ihres Imperiums errichten die Römer Grenzanlagen, der bekannteste ist der Obergermanisch-Rätische Limes, der von Bad Hönningen am Rhein über den Taunus bis nach Regensburg an die Donau reicht. Er ist ca. 550 km lang und mit rund 1000 Wachtürmen sowie rund 100 hinter dem Limes liegenden Kastellen gesichert. Ende des 3. Jhs. verfällt die Anlage.*

## Grenzgänger

Zunächst ist der Limes im waldreichen Taunus nichts weiter als eine in den Wald geschlagene Schneise, die mit hölzernen Wachtürmen gesichert ist. Erst nach und nach wird die Grenze ausgebaut. Ein zunächst errichteter Palisadenzaun wird durch Spitzgräben und Wälle ersetzt, da die Pflege des Zaunes zu aufwändig ist. Schließlich müssen die untereinander in Sichtweite errichteten Holztürme robusteren Steintürmen Platz machen. Sie sind heute zum Teil rekonstruiert und wieder aufgebaut.

### Alle Wege führen nach Rom

Ein Sprichwort, das nicht von ungefähr kommt. Bereits kurz nach der Eroberung Galliens beginnen die Römer mit dem Straßenbau. Und schon um Christi Geburt gibt es eine direkte Verbindung des Rheinlandes mit Italien. Sie führt über den St. Bernhard-Pass, über Straßburg, Speyer, über Bingen das Rheinufer entlang bis nach Boppard und schließlich nach Köln. Die Straßen sind weitgehend befestigt und in der Regel 20 römische Fuß breit, was etwa 6 m entspricht.

*Die Römer haben ihre Spuren hinterlassen. Bei Bacharach, an der Straße Richtung Neurath, wurde eine alte Römerstraße freigelegt, in die sich im Laufe der Jahrhunderte tief die Spuren der Wagenräder eingegraben haben.*

### Friedliche Zeiten

Im Schutz des Limes blüht die Wirtschaft. Händler, Handwerker und Bauern siedeln sich an, auf den Höhen entstehen die Gutshöfe, die "villae rusticae", die für das leibliche Wohl der Soldaten sorgen. Die meisten der südländischen Einwanderer aber bleiben links des Rheins, denn rechts des Rheins, von den Germanen nur durch einen Zaun getrennt, ist es vielen zu unsicher. Die Auswirkungen dieser Siedlungsweise sind bis heute zu spüren. Die Großstädte Mainz und Köln liegen auf der linken Rheinseite, ebenso wie die meisten kleineren Städte und auch die Hauptverkehrsader, die heutige B9, wurde sicherheitshalber auf der linken Rheinseite angelegt.

*Die Überreste zweier römischer Gutshöfe, der „villae rusticae", sind im Koblenzer und im Binger Stadtwald zu besichtigen. Besonders die Grabungsstätte bei Bingen bietet viele interessante Informationen rund um das typische römische Gehöft.*

### Bodobrica wird Grenzstadt

Was den Germanen trotz gelegentlicher Versuche über 200 Jahre nicht gelingt, vollenden schließlich die Franken und Alemannen. 260 n.Chr. überrennen sie erstmals den Limes und zerstören in der Folgezeit etliche Kastelle.

*Keltischen Ursprungs*
*Als die Römer an den Rhein kommen, hat er seinen Namen bereits: Die Kelten nennen ihn „rhen", woraus die Römer „rhenus" machten.*

Da die Römer an zwei Fronten gleichzeitig kämpfen, im Osten wie auch im Westen, sind sie dem Ansturm der neuen Gegner auf Dauer nicht gewachsen. Sie müssen die rechtsrheinischen Gebiete aufgeben und ziehen sich bis an den Rhein zurück. Nun ist „rhenus fluvius" plötzlich zum Grenzfluss und Boppard eine bedrohte Grenzstadt geworden, die zwischen 357 und 359 befestigt wird.

## Hinter sicheren Mauern

Auf welches Hindernis potentielle Angreifer stießen, ist noch heute zu besichtigen. Die Mauern des Kastells ragen selbst nach 1800 Jahren noch bis zu 9 m in die Höhe. Die Anlage besaß 28 Rundtürme und eine durchschnittliche Mauerstärke von 3 m. Das gesamte Kastell, in dessen schützenden Resten die Menschen noch bis ins Mittelalter lebten, war 308 m lang und 154 m breit. Innerhalb des Kastells stand nicht nur die Verteidigung auf dem Programm. Auch „Wellness" war angesagt. Ausgrabungen haben eine Militärbadeanlage zu Tage gefördert, die mit Kaltbad, Schwitzbad und Warmbad ausgestattet war.

## Die letzten Tage

Viel Zeit für ausgiebige Bäder dürften die Kastellbewohner jedoch nicht gehabt haben, denn die Überfälle der Alemannen und Franken gehen weiter. Mit der teilweisen Zerstörung von Köln und Trier und der Gründung des Frankenreiches um 486 ist der Untergang des römischen Reiches besiegelt. Boppard kommt glimpflich davon, denn zerstört wird die Stadt am Rhein nie. Vielmehr geht die Besiedlung kontinuierlich weiter und die romanische Bevölkerung wird allmählich von der fränkischen verdrängt.

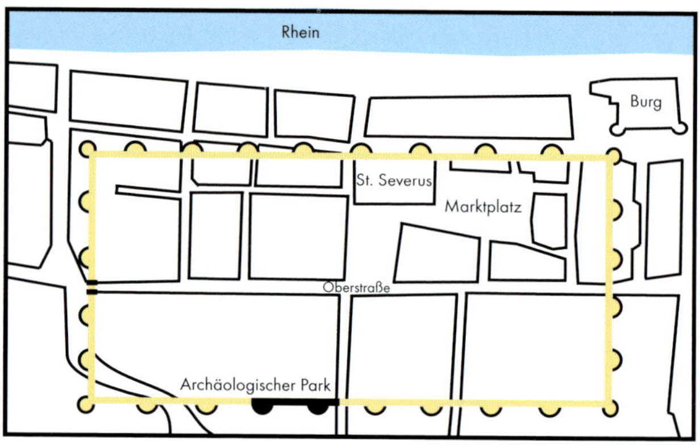


*Die ursprüngliche Kastellanlage von Boppard. Im Gegensatz zu Köln und Trier wird Boppard nicht zerstört. Es erfolgt vielmehr eine kontinuierliche Besiedlung und noch heute liegt der Stadtkern in den teilweise noch vorhandenen Mauern des einstigen Kastells.*

# Einen Abstecher wert:

## Frühchristliches in St. Severus

Für die römische Bäderkultur haben die frühen Christen nicht viel übrig. Nach dem Abzug der Römer errichten sie auf dem ehemaligen Militärbad eine Kirche. Viel ist von dieser ersten Kirche nicht geblieben, dafür aber Wertvolles. Ein frühchristliches Taufbecken, das es vergleichbar nur noch in Südfrankreich und Spanien gibt, beweist, dass hier seit 1500 Jahren getauft wird. Die heutige Kirche wurde im 12. und 13. Jh. als dreischiffiges Langhaus errichtet und – typisch für die Baukunst der Romanik – mit einer Doppelturmfassade geschmückt.

## Lange Leitung

Römische Baukunst ist auch in der Nähe von Brey zu besichtigen. Auf über 50 m Länge hat sich hier eine römische Wasserleitung erhalten, die in einer Tiefe von ca. 4,5 m ins Schiefergestein gebrochen wurde. Im Abstand von 6 bis 10 m existieren Wartungsschächte, in der Sohle ist eine Wasserrinne mit einem Gefälle von 2,5 % eingelassen, durch die das Wasser zu einem vermutlich in Brey liegenden Kastell floss.

## Wieder aufgebaut

Ein Abstecher, der sich lohnt: In Bad Homburg steht das einzige vollständig wiederaufgebaute Kastell am gesamten Limes, die Saalburg. Es ist sowohl Freilichtmuseum als auch Museum für die zahlreichen vom Limes stammenden Ausgrabungsfunde.

## Berühmte Stühle

Einer der berühmtesten Stühle der Welt, der Kaffeehausstuhl Nr. 4, stammt von einem Bopparder, vom Kunsttischler Michael Thonet. 1796 wird er in Boppard geboren, 1842 geht er nach Wien, wo seine aus gebogenem Holz geformten Stühle weltberühmt werden. Über 100 Exponate sind heute in der Kurfürstlichen Burg in Boppard zu besichtigen.

***Tourist Information Boppard***
*Marktplatz (Altes Rathaus)*
*56154 Boppard*
*Tel.: 06742/3888*
*tourist@boppard.de*
*www.boppard.de*

***Römerkastell Saalburg***
*61350 Bad Homburg*
*Tel.: 06175/9374-20*
*www.saalburgmuseum.de*

***Kurfürstliche Burg Thonetmuseum***
*Tel.: 06742/10369*
*Öffnungszeiten:*
*April bis Oktober,*
*Di bis So 10–12.30 Uhr*
*und 13.30–17 Uhr*
*Eintritt frei*

*Rund um Bingen und Kamp-Bornhofen*

# Von Burg zu Burg

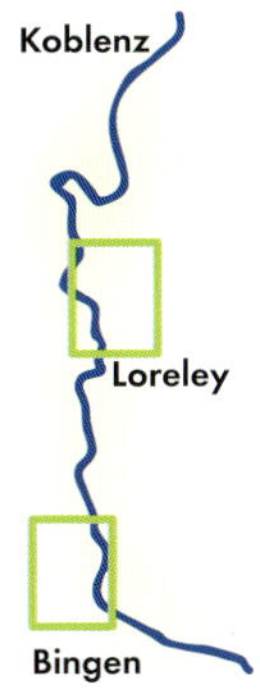


**Burgen, so weit das Auge reicht. Kein Fluss auf der Welt hat auf 65 km Länge mehr von ihnen zu bieten als der Rhein. Mehr als 20 von den romantisch verklärten Gemäuern thronen an den Hängen zwischen Bingen und Koblenz. Allein sieben von ihnen liegen auf den beiden Routen der „Burgen-Touren".**

Zu vier Burgen, deren Bewohner sich in ihrer Geschichte nicht gerade wohlgesonnen waren, führt Tour 1. Von Kamp-Bornhofen geht es über die „feindlichen Brüder" Sterrenberg und Liebenstein zu den Burgen Katz und Maus nach St. Goarshausen. Eine Wanderung für alle, die nicht nur für Burgen schwärmen, sondern anspruchsvolle Wege lieben und ein bisschen Kondition mitbringen.
Von Bingen nach Trechtingshausen und zurück durch den Soonwald geht es auf Tour 2. Mit Burg Rheinstein bietet die Tour eines der bedeutendsten Beispiele für den romantischen Burgenaufbau, während auf Burg Reichenstein der Wiederaufbau im neugotischen Stil zu begutachten ist. Und noch eine Besonderheit hat Tour 2 zu bieten: Sie führt durch eines der schönsten Seitentäler des Mittelrheintals, durch das Morgenbachtal. Auf ca. drei Kilometer Länge geht es an einem wildromantischen, zum Teil von steilen Felsen gesäumten Bachlauf entlang.

*Burg Sterrenberg (rechts) und Burg Liebenstein, besser bekannt als die „feindlichen Brüder", sind noch heute durch eine Mauer getrennt.*

### Im Wandel der Zeiten

Was heute untrennbar mit der Romantik verbunden ist, war einst ganz und gar unromantisch. Sämtliche Burgen waren Zollburgen und dienten einem äußerst lukrativen Zweck: Sie kontrollierten den Handel im engen Rheintal, um auf die transportierten Waren Zölle zu erheben. Außer der Marksburg überlebten sämtliche Burgen die Jahrhunderte nur als Ruinen. Bis die Romantiker kamen und die verfallenen Mauern aus ihrem Dornröschenschlaf weckten.

*Linke Seite:
Vom Raubritternest zum romantischen Schlösschen: Burg Rheinstein.*

# Von Kamp-Bornhofen nach St. Goarshausen

***Tourdaten***

***Länge***
*ca. 19 km (Streckenwanderung)*

***Gehzeit***
*ca. 5 ½ Std.*

***Charakter***
*sehr viele, mitunter steile Pfade, häufiger Wechsel von Tälern und Höhen, wunderschöne Aussichtspunkte, gute Kondition erforderlich*

***Parken***
*In Kamp-Bornhofen kostenfrei am Rheinufer, in St. Goarshausen:* *> Seite 48*

***Essen & Trinken***

***Landhotel Becker***
*Kirchplatz 4*
*56341 Kamp-Bornhofen*
*Tel.: 06773/244*
*info@hotel-restaurant-becker.de*
*www.hotel-restaurant-becker.de*

***Burgschänke Sterrenberg***
*Tel.: 06773/323*
*kontakt@burg-sterrenberg.de*
*www.burg-sterrenberg.de*

*Hotel-Restaurant-Cafe*
***Schlaadt***
*Kirchstraße 7*
*56348 Kestert*
*Tel.: 06773/7140*
*www.hotel-schlaadt-kestert.de*

***Nassauer Hof***
*Bahnhofstraße 22*
*56346 St. Goarshausen*
*Tel.: 06771/ 802840*
*info@nassauer-hof-loreley.de*
*www.nassauer-hof-loreley.de*

Start der Tour ist am Rheinufer von Kamp-Bornhofen. Zunächst geht es bis zum Ortsausgang (Richtung St. Goarshausen) am Rhein entlang. An der Abfahrt nach Dahlheim nach links abbiegen, vorbei am Kloster bis zum Ortsausgang, wo rechts der Rheinsteig hoch zur **Burg Sterrenberg** führt. Auf Sterrenberg angekommen, der Straße folgen bis zur **Burg Liebenstein**, wo kurz vor der Burg scharf links ein kleiner Pfad abbiegt (Rheinsteig). Diesem folgen bis nach Lykershausen. In Lykershausen geht es geradeaus ins Dorf hinein bis zur Kirche, wo man rechts in die Mittelstraße einbiegt. Auf der Mittelstraße bleiben bis zum Ortsende und weiter bis zum Waldrand, wo man dem Weg rechts in den Wald folgt. Nach ca. 500 m beschreibt der Weg eine Rechtskurve und führt zur **Hindenburghöhe**, einem Aussichtspunkt, von wo sich ein fantastischer Ausblick auf das Rheintal bietet. Von der Hindenburghöhe geht es den Waldweg weiter bis zum Abzweig „Zum Sonnenberg". Diesem Pfad steil bergab bis zur Teerstraße folgen. Wer in **Kestert** eine Pause einlegen will, geht rechts in den Ort hinab. Wieder auf die Hauptroute zurück gelangt man nicht auf dem gleichen Weg, sondern über einen schmalen, steilen Pfad. Man erreicht ihn, wenn man in der Oberstraße die Bahnunterführung nimmt und direkt gegenüber den Hang hochgeht bis zur Bergstraße (kommt man von der Bahnhofsunterführung, geht man rechts bis zum Abzweig Bergstraße, wo man links einbiegt). Die Bergstraße überqueren und den Pfad bis auf die Höhe nehmen. An der Teerstraße rechts abbiegen. Wer keine Pause einlegen will, biegt nach dem Sonnenberg links ab Richtung Ober-

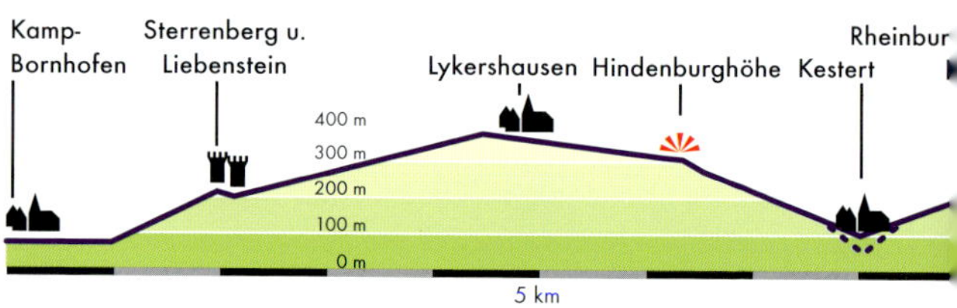

0 m
1000 m
1 : 55.000
Liebeneck
Dahlheim
Lykershausen
Prath
Kestert
Oberkestert
Wellmich
Werlau
Weiler
Hirzenach
Eschba
Noche
Burg Maus
Augustusstollen
Ehrenthal
RHEIN

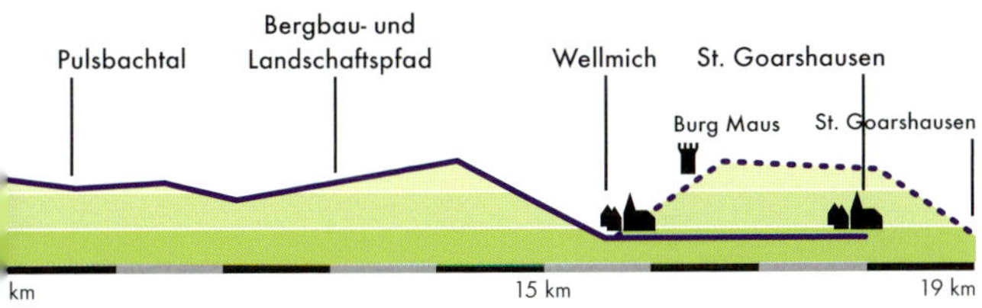
Pulsbachtal
Bergbau- und Landschaftspfad
Wellmich
St. Goarshausen
Burg Maus
St. Goarshausen
km
15 km
19 km

*Ein luftiges Plätzchen, das einen fantastischen Ausblick bietet: Die Hindenburghöhe.*

***Rückfahrt per Schiff:*** *letzte Abfahrt von St. Goarshausen nach Kamp-Bornhofen: 18.05 Uhr (zw. 30.4. und 3.10.) Fahrplan unter: www.koeln-duesseldorfer.de*

***Rückfahrt per Bahn:*** *letzte Abfahrt von St. Goarshausen nach Kamp-Bornhofen: 22.09 Uhr (So 23.09 Uhr) Abfahrt im ca. halb- bzw. anderthalb-Stunden-Rhythmus: 19.25, 20.09, 21.25 Uhr Fahrplan unter: www.deutschebahn.de*

kestert. Der Weg führt steil den Berg hinauf, vorbei am **Rheinburgenblick** bis nach Oberkestert. In der Ortsmitte rechts abbiegen Richtung **Pulsbachklamm**. Im Tal angekommen wieder nach rechts abbiegen und dem Weg folgen Richtung **Ehrenthaler Hahn** (Rheinsteig). Es geht über eine kleine Brücke auf schmalem Pfad den Hang entlang, vorbei an einem felsigen Aussichtspunkt bis zu einer Kreuzung. Hier alle Schilder ignorieren und nach rechts abbiegen. Bis zum Ende der Eichenschonung gehen und dort links halten. Nun geradeaus dem Pfad folgen, der wunderschön am Hang entlang führt. Nach einem weiteren Aussichtspunkt folgt der Pfad dem Hang ins Seitental hinab, wo der Rheinsteig auf den **Bergbau- und Landschaftspfad** stößt, auf dem es links das Tal hoch weitergeht. Dem Pfad bzw. Weg nun ca. 1,5 km folgen, zunächst durch Wald, dann über offenes Feld. Auf dem Schotterweg angekommen, links halten bis zur Teerstraße. Hier nach rechts abbiegen Richtung **Wellmich**. In Serpentinen führt der Weg durch den Wald ins Tal. Wer von kurvenreichen Pfaden und steilen Auf- und Abstiegen noch nicht genug hat, kann den Weg weiter nach St. Goarshausen über **Burg Maus** wählen. Dazu an der Hauptstraße in Wellmich nach links abbiegen und bis zum Ortsausgang gehen. Dort den Rheinsteig rechts zur Burg hoch nehmen und weiter über die Höhe bis zur Teerstraße. Dort rechts abbiegen und am Sendemast den steilen Pfad hinab bis zum Friedhof von St. Goarshausen wählen. Wer die bequemere Route gehen will, biegt in Wellmich rechts zum Rhein ab, von wo der Weg eben – zunächst an der Straße, dann direkt am Ufer – bis nach **St. Goarshausen** führt.

*Blick vom Aussichtspunkt Rheinburgenblick. Im Hintergrund rechts die Burgen Sterrenberg und Liebenstein, links Bad Salzig.*

# Von Bingen nach Trechtingshausen

Start ist entweder in Bingerbrück oder in Bingen (je nach Parkplatzwahl). Wer von Bingen aus losgeht, der folgt dem Rheinufer Richtung Bingerbrück und Bahnhof. Kurz vor dem Bahnhofsgebäude geht es links über die Bahnüberführung („R" folgen). An der Straße nach links, nach ca. 100 m nach rechts abbiegen Richtung Mehrzweckhalle. An der ersten Gabelung dem Schild "Fußweg zum Binger Wald" folgen. An der nächsten Gabelung links halten Richtung Binger Wald. Hinter der rot-weißen Absperrung rechts dem Teerweg folgen bis zur Einbahnstraßenregelung. Von hier geradeaus weiter und vor der Aussichtshütte nach rechts abbiegen ("R" folgen). Der Pfad verläuft parallel zur Straße. Wieder auf dem Teerweg angekommen, nach links abbiegen und gleich darauf rechts Richtung **Forsthaus Heilig Kreuz** weitergehen. Dort der Kurve folgen und hinter dem Forsthaus nach rechts abbiegen (wieder "R" folgen). Von hier führt der Weg durch den Wald am Hang entlang, mit zeitweiligem Blick auf die Burgruine Ehrenfels und Bingen. Nach ca. 1 km trifft er auf eine Kreuzung, an der es geradeaus weitergeht (ein kurzer Abstecher führt rechts zum **Damianskopf**). Der Weg mündet auf eine Querstraße, wo es links weiter in ein kleines Seitental geht. Auf der anderen Talseite geht es wieder Richtung Rheinhang und kurz darauf trifft man auf einen breiten Waldweg. Hier nach rechts Richtung **Schweizer Haus** abbiegen, das 1842 im Schweizer Stil als Gästehaus von Burg Rheinstein errichtet wurde. Am Schweizer Haus vorbei und

***Tourdaten***

***Länge***
*ca. 23 km (Rundtour)*

***Gehzeit***
*ca. 6 ¼ Std.*

***Charakter***
*ideal für heiße Tage: schattige Waldtour, schöner Rheinhangweg, wunderschönes Seitental, teilweise Pfade*

***Parken***
*In Bingerbrück rechts Richtung Mehrzweckhalle abbiegen, entweder kostenfrei auf dem Parkplatz der Halle oder in den umliegenden Straßen, in Bingen z.B. kostenpflichtig direkt am Naheufer (in der Nähe der Nahebrücke)*

***Essen & Trinken***

***Waldgaststätte Forsthaus Heiligkreuz***
Heiligkreuzweg
55411 Bingen
Tel.: 06721/992975
www.heiligkreuz.net

***Burg Rheinstein***
Tel.: 06721/6348
info@burg-rheinstein.de
www.burg-rheinstein.de

***Gasthaus Weißes Roß***
*Mainzer Straße 30*
*55413 Trechtingshausen*
*Tel.: 06721/6129*

***Forsthaus Jägerhaus***
Tel.: 06721/32251

***Restaurant Burg Klopp***
(gehobene Küche)
55411 Bingen
Tel.: 06721/15644
www.restaurant-burg-klopp.de

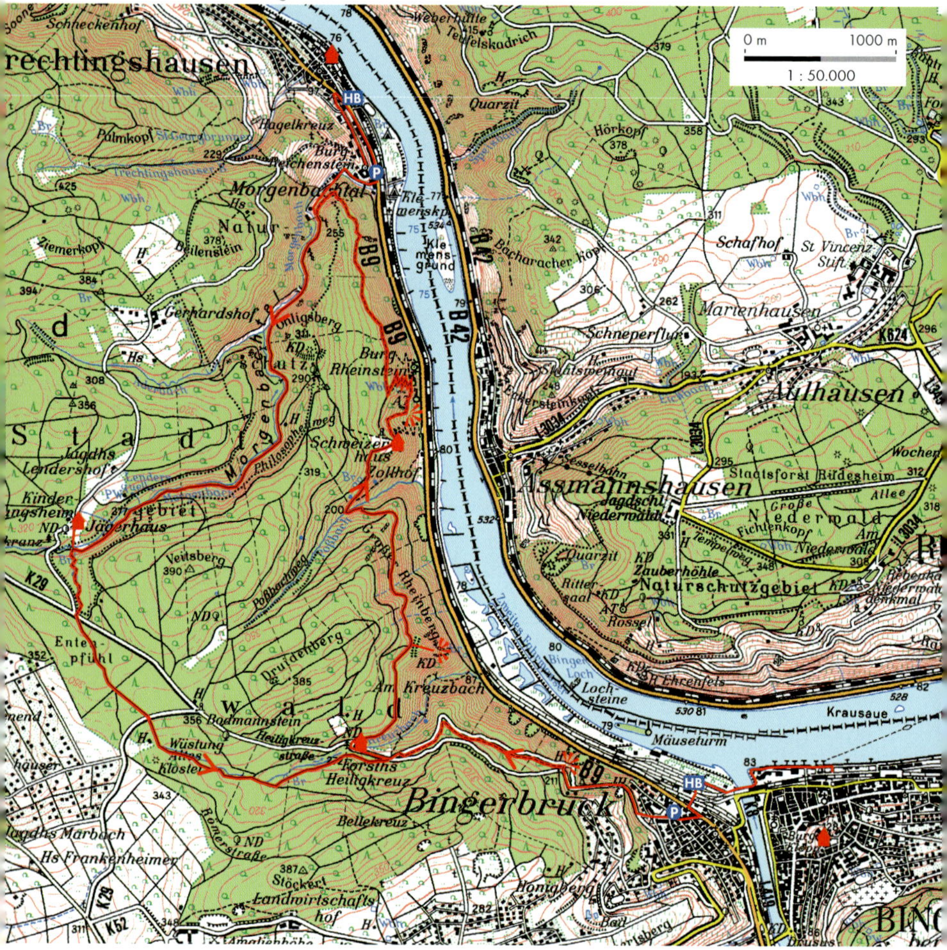


geradeaus dem felsigen Pfad folgen bis zur Burg. Wer die Burg besichtigen will, muss am Abzweig „Eselspfad" vorbei den Berg hinab. Alle andern biegen in den „Eselspfad" ein, der steil den Berg hoch führt. Am ersten Querweg nach rechts Richtung **Burg Reichenstein** abbiegen, am nächsten Querweg wieder rechts halten und ein Stück dem geschotterten Waldweg folgen, bis es wieder rechts

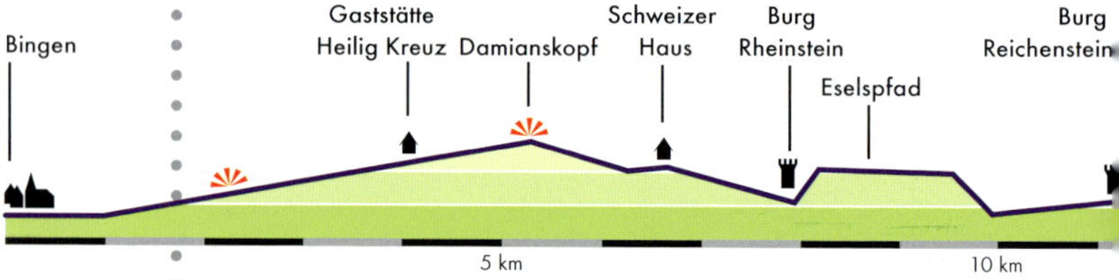

auf den Eselspfad geht, der über einen romantischen Aussichtspunkt nach links steil über Felsen ins Morgenbachtal hinabführt. Im **Morgenbachtal** angekommen, nach links abbiegen. Wer einen Abstecher nach Trechtingshausen und zur Burg Reichenstein machen will, biegt gleich darauf nach rechts ab (die grau gestrichene Treppe hinab) und an der B9 wieder links. Der weitere Weg zur Burg ist ausgeschildert. Wer ohne Burgbesichtigung weiterwandern will, geht an der Treppe geradeaus weiter und folgt dem Weg ins Morgenbachtal hoch, der nun rund 3,5 km durch das wunderschöne Tal führt. Am Ende des Tales entweder nach rechts über die kleine Holzbrücke zum **Forsthaus Jägerhaus** abbiegen oder links in die **Steckeschlääferklamm**, wo es über zahlreiche Holzbrücken – vorbei an etlichen „Baumgeistern" – an dem kleinen Bachlauf entlanggeht. Am Ende der Klamm die K29 überqueren, über den Parkplatz und geradeaus Richtung Bingen weiter. Die nächste Straße ebenfalls überqueren und weiter geradeaus dem Weg folgen, der an der **"villa rustica"**, einem römischen Gutshof, dessen freigelegte Grundmauern besichtigt werden können, vorbeiführt. Interessantes bietet auch der Erlebnispfad Binger Wald, der hier parallel zur Wanderroute verläuft. Der Weg endet an der Teerstraße, auf der es bereits auf dem Hinweg entlang ging. Nun geht es in die „falsche Richtung" in die Einbahnstraße und nach wenigen Metern rechts auf den Pfad mit der Markierung "R". Wieder beim Aussichtshäuschen angekommen, der Straße nach links den Hang hinab folgen bis zur rot-weißen Absperrung. Dort nach links abbiegen und zurück bis nach **Bingerbrück** bzw. am Rheinufer entlang bis nach **Bingen**.

*In der Steckeschlääferklamm werden die Bäume lebendig: Von einem Künstler in einen Stamm geschnitzter „Baumgeist".*

*Wildromantisch und ursprünglich: Das Morgenbachtal bei Trechtingshausen.*

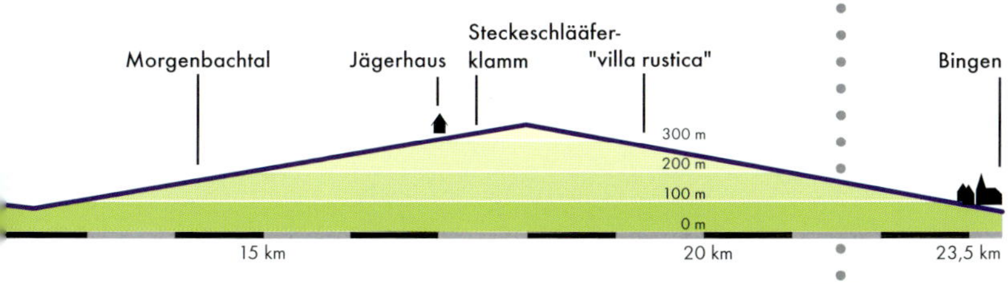

# Von Rittern, Burgen und Zöllen

Wer Mitte des 13. Jhs. als Kaufmann den Rhein entlang reist, braucht Geld, gute Nerven und nicht selten Mut. Allein am Mittelrhein zwischen Mainz und Bonn bitten Mitte des 13. Jhs. 32 Zollstationen zur Kasse. Hat der Händler Pech, muss er nicht nur zahlen, sondern wird zudem ausgeplündert, misshandelt und schlimmstenfalls sogar eingesperrt. Für seine Freilassung ist natürlich ein saftiges Lösegeld zu zahlen. So ist es längst alles andere als wirtschaftlich, über den Rhein seine Waren zu transportieren. Denn jeder Adlige, darunter auch manch Geistlicher, der sich mit einer Burg das lukrative Zollgeschäft sichern kann, langt zu.

## Zeichen der Macht

Stehen die ersten Burgen noch im Tal, zieht es die Burgherren im 11. und 12. Jahrhundert auf die unbesiedelten Höhen. Dort oben hat man nicht nur anrückende Feinde gut im Visier, sondern auch je nach Lage von drei Seiten einen natürlichen Schutz. Zudem zeigt man, wer der Herr im Land ist, den Untertanen ebenso wie aufdringlichen Nachbarn. Ein wahrer Bauboom setzt in der Stauferzeit ab 1138 ein. Möglich machen es ausgerechnet die Könige, die am wenigsten von der Bauwut ihrer Untertanen profitieren. Große Teile ihres Besitzes haben sie im Laufe der Jahrhunderte verschenkt, verliehen oder verpfändet, um aufmüpfige Adlige zur Treue zu verpflichten. Die Folge: Die Macht der Fürsten wächst, und eifrig beginnen sie, ihre Territorien mit Burgen abzusichern und Zölle einzutreiben.

*Weithin sichtbar und noch heute beeindruckend: Die Marksburg bei Braubach. Sie ist die einzige Burg am Mittelrhein, die nie zerstört wurde.*

## 66 Prozent des Warenwertes

Die Hauptzollstellen liegen unterhalb der Burgen Reichenstein, Fürstenberg, Gutenfels, Schönburg, Rheinfels, Sterrenberg und Marksburg. Das sind sieben Zollstellen auf einer Strecke von 60 km. Wie viel Zoll erhoben wird, ist oftmals nicht von Recht und Gesetz abhängig, sondern vom Lebensstandard der Burgbewohner oder der Stärke der Burgmannschaft. Je größer die ist, umso höher sind die Zölle – obwohl der Kurrheinische Zollverein 1358 die Zolltarife festgelegt hat. So sind in Kaub 630 Heller für einen Fuder Wein (1000 Liter) zu bezahlen, womit Kaub in Sachen Zollhöhe der Spitzenreiter ist (Mitte des 14. Jhs. ist ein Heller ca. einen halben Pfennig wert oder 1 kg Roggenbrot). Hat der Händler alle sieben Zollstationen am Mittelrhein hinter sich gebracht, beträgt die Höhe des bezahlten Zolls stattliche 66 % des Warenwertes. Doch es wartet noch mehr Ungemach auf ihn. Da Bacharach das sogenannte Stapelrecht besitzt, muss er hier seinen Wein abladen und einige Tage auf dem örtlichen Markt anbieten bzw. stapeln. Danach wird der Wein als Bacharacher Wein verschifft, aus welchem Weinanbaugebiet er auch stammt.

### Zerstört und wieder aufgebaut

Zwischen 1256 und 1258 reicht es den Städten, die mittlerweile zu bedeutenden Handelszentren angewachsen sind. Sie gründen den Rheinischen Städtebund und greifen zu drastischen Maßnahmen. Mit angeworbenen Söldnern ziehen sie durchs Rheintal und tatsächlich gelingt es ihnen, einige Burgen zu zerstören, darunter Reichenstein. Mit wenig dauerhaftem Erfolg allerdings, denn der als Raubritter bekannte Burgherr lässt sie umso wehrhafter wieder aufbauen. König Rudolf von Habsburg startet 1274 einen weiteren Versuch. Nach seinem Regierungsantritt zerstört er Reichenstein erneut und die ebenfalls als Raubritternest bekannte Burg Sooneck. Einzig die Rheinfels bei St. Goar hält seiner Belagerung stand.

### Flucht in den Turm

Ist der Belagerungszustand tatsächlich eingetreten, ist das wichtigste Gebäude der Bergfried. Denn schlagen alle Verteidigungsversuche fehl, flüchtet sich das Burgvolk in den hoffentlich uneinnehmbaren Turm. Sind alle drin, wird die außenliegende Holztreppe zerstört, so dass der Eingang für die Eindringlinge in unerreich-

*Wer auf Burg Rheinstein in Gefangenschaft geriet, sah luftigen Zeiten entgegen: „Hängen in der Strafkrone" hieß der Aufenthalt in dem aus Eisen gefertigten Korb. Wer mehr über mittelalterliche Strafmethoden erfahren möchte, wird fündig im:*

**Mittelalterlichen Foltermuseum**
Oberstraße 49–51
65385 Rüdesheim
Tel.: 06722/47510
www.foltermuseum.com

*Auch in Kriegszeiten kaum einnehmbar: Der Bergfried. Hier das Beispiel von Burg Sterrenberg, Kamp-Bornhofen.*

barer Höhe liegt. Klugerweise hat man in Friedenszeiten das Wichtigste im Bergfried untergebracht: Vorräte, Munition, Schätze und im Keller die Gefangenen, die sehnsüchtig auf die Zahlung des geforderten Lösegeldes warten. Kontakt zu den Burgbewohnern haben sie einzig über das „Angstloch", einer Öffnung in der Decke des Verlieses.

### Wohnen auf der sicheren Seite

Herrscht indes Frieden, wohnt man im Palas, dem repräsentativen Wohnbereich der Burg. Der Palas liegt dort, wo es am sichersten ist: An der Hangseite. Er besitzt einen großen Saal und ist den Männern vorbehalten. Die Frauen halten sich in der Kemenate auf, die aus kleineren, heizbaren Wohnräumen besteht. Zum Wohnbereich der Burg gehört außerdem eine Kapelle. Das Gesinde wohnt in Fachwerkhäusern, die ebenso wie die Ställe und die Werkstätten an die Ringmauer des Burghofes angelehnt sind.

*Der Palas von Burg Gutenfels oberhalb von Kaub ist eines der am besten erhaltenen Beispiele staufischer Burgenbaukunst am Mittelrhein.*

### Begehrte Plätze

So eindrucksvoll die Burgen nach außen wirken, so bescheiden ist der Wohnkomfort im Inneren. Besonders im Winter. Um die Kälte abzuhalten, werden die Fenster mit Läden verschlossen oder mit geölter Leinwand bespannt, denn Fensterglas setzt sich erst Ende des 14. Jhs. durch. Entsprechend dunkel ist es in den Räumen. Öllämpchen oder Fackeln, die Wände und Decken schwärzen, verbreiten ein funzeliges Licht. Geheizt wird mit Kaminen, die jedoch nur in direkter Nähe angenehme Wärme spenden. Den begehrtesten Kaminplatz hat natürlich der Burgherr inne, wer am unteren Ende der Hierarchie steht, sitzt am weitesten entfernt. So lässt sich der Rang der Burgbewohner an der Dicke der Kleidung ablesen. Auch die Nächte haben ihre Eigenheiten. Schlafzimmer entstehen erst im 13. Jh. Dafür sind die Betten kleine Räume für sich. Von oben schützt ein Himmel den Schlafenden, damit das Ungeziefer des Nachts nicht auf ihn rieselt. Rundum verhüllen schwere Vorhänge das Bett, die die Kälte abhalten sollen, zumal Nachtgewänder noch unbekannt sind. Ebenso wie Schränke. Die Kleidung wird in „mobilen" Truhen verstaut, die auf den Rundreisen des Burgherrn auf Karren hinter ihm her rumpeln.

## Der Reichsritter Ulrich von Hutten schreibt 1518 über das Leben in einer Burg:

*„Man lebt auf dem Feld, im Wald und in den bekannten Burgen auf dem Berg. Die uns ernähren, sind bettelarme Bauern, denen wir unsere Äcker, Weinberge, Wiesen und Wälder verpachten. Der einkommende Ertrag ist, gemessen an der aufgewandten Mühe, geringfügig; aber man sorgt und plagt sich sehr, dass er großmächtig werde. [...] Die Burg selbst, ob sie auf dem Berg oder in der Ebene liegt, ist nicht als angenehmer Aufenthalt, sondern als Festung gebaut. Sie ist von Mauern und Gräben umgeben, innen ist sie eng und durch Stallungen für Vieh und Pferde zusammengedrängt. Daneben liegen dunkle Kammern, vollgepfropft mit Geschützen, Pech, Schwefel und sonstigem Zubehör für Waffen und Kriegsgerät. Überall stinkt es nach Schießpulver; und dann die Hunde und ihr Dreck, auch das - ich muss es schon sagen - ein lieblicher Duft! Reiter kommen und gehen, darunter Räuber, Diebe und Wegelagerer. Denn fast für alle stehen unsere Häuser offen, weil wir nicht wissen, was das für Leute sind, oder uns nicht groß danach erkundigen. Man hört das Blöken der Schafe, das Brüllen der Rinder, das Bellen der Hunde, das Rufen der auf dem Feld Arbeitenden, das Knarren und Rattern der Fuhrwerke und Karren; ja sogar das Heulen der Wölfe hört man in unserem Haus, weil es nahe am Wald liegt. Der ganze Tag bringt vom Morgen an Sorge und Plage, ständige Unruhe und dauernden Betrieb. Äcker müssen gepflügt und umgegraben werden, Weinberge müssen bestellt, Bäume gepflanzt, Wiesen bewässert werden; man muss eggen, säen, düngen, mähen und dreschen; jetzt steht die Ernte bevor, jetzt die Weinlese."*

*Steinmetz bei der Arbeit während des Mittelalterlichen Spectaculums in Oberwesel.*

*Wer das Leben auf einer Burg und Mittelalterliches hautnah erleben möchte, hat an folgenden Terminen dazu Gelegenheit:*

**Mittelalterliches Spectaculum Oberwesel**
*alle zwei Jahre an Pfingsten (2006)*
*www.spectaculum-oberwesel.de*

**Mittelalterliches Burgfest Marksburg**
*alle zwei Jahre (ungerade Zahlen) am Himmelfahrt-Wochenende*

## Die fettige Hand im Busenlatz

Gegessen wird dreimal am Tag. Am Morgen meist Brot und Fleisch, mittags genügt ein kleiner Imbiss, während das Abendessen fast einem Gelage gleicht. Und für heutige Gaumen sehr gewöhnungsbedürftig gewesen wäre. Die mittelalterliche Küche kennt zahlreiche Gewürze, seit den Kreuzzügen auch orientalische, mit denen nicht nur das Essen, sondern auch der Wein gewürzt wird, den man zu jeder Mahlzeit reicht. Das Abendessen umfasst zwei bis drei Gänge, wobei jeder Gang aus mehr als zehn Gerichten bestehen kann, von süß über scharf bis sauer. Gegessen wird mit den Fingern, der Erfinder der Gabel ist noch nicht geboren. Mann und Frau essen zu zweit aus einer Schüssel und trinken gemeinsam aus einem Becher. Das Tischtuch dient dazu, sich nach dem Essen Mund und Hände abzuwischen, hineinschnäuzen soll man allerdings nicht. Unfein ist es außerdem, die bloße Hand ins Salzfaß zu stecken oder die fettige in den Busenlatz der Nachbarin. Auch auf den Teller spuckt man nicht. Seine Flöhe knackt man unauffällig und das Kratzen am Gemächt sollte man bei Tisch ganz unterlassen, wie der Minnesänger Tannhäuser ungehobelte Zeitgenossen belehrt.

*Zwei Burgbewohner des ausgehenden Mittelalters: Ludwig von Ottenstein und seine Frau Elisabeth von Schwarzenberg auf ihrem um 1520 geschaffenen Grabdenkmal, zu sehen in der Liebfrauenkirche Oberwesel.*

## Auferstanden aus Ruinen

Als man endlich eine gewisse Tischkultur gelernt hat, ist die Burgenzeit vorbei. Die Ritter kommen aus der Mode, ersetzt werden sie von Söldner- und Bauernheeren. Neue Waffen und neue Kriegstaktiken machen die Burgen strategisch überflüssig. Manche werden verlassen und verfallen, andere von den Truppen Ludwigs XIV. zerstört, der 1672 im Krieg gegen die Niederlande und 1689 während des Pfälzischen Erbfolgekrieges mit seinen Truppen durchs Rheintal zieht. Als repräsentative Wohnsitze sind jetzt ohnehin Schlösser gefragt, die weit mehr Wohnkomfort bieten als die auf Verteidigungszwecke ausgerichteten Burgen. So überdauern die Höhenburgen mit Ausnahme der Marksburg die Jahrhunderte nur als Ruinen. Bis sie Anfang des 19. Jhs. wieder in Mode kommen. Von den Romantikern verklärt, finden zahlreiche Burgen neue Burgherren, darunter die Burgen Katz und Maus und die einstigen Raubritternester Reichenstein und Rheinstein.

# Sehenswertes zwischen Kamp-Bornhofen und St. Goarshausen

## Die feindlichen Brüder

Die ältere der beiden Burgen ist Sterrenberg. Hier gehen schon um 1030 die Ritter ein und aus. 200 Jahre später, um 1250, erbaut Albrecht von Lewenstein Burg Liebenstein – mit der Wehrmauer gegen Sterrenberg gerichtet. Dort nämlich sitzt die Verwandtschaft und rückt die Erbschaft nicht raus. Vom Burgenbau eingeschüchtert, tut sie es schließlich doch. Die beiden Familien aber zanken und streiten sich noch Generationen später – bis die noch heute allem Verfall trotzende Streitmauer gebaut wird. So kann man sich weiter beschimpfen, läuft aber nicht mehr Gefahr, sein Leben dabei zu verlieren. So weit die Geschichte. Die Sage hingegen erzählt von den feindlichen Brüdern. Wie sie zu Feinden wurden? Die Antwort dürfte niemanden überraschen: Sie verliebten sich in die gleiche Frau. Mittlerweile geht es friedlicher zu: Beide Burgen bieten Restaurant und Hotel, Burg Sterrenberg außerdem eine herrlich gelegene Burgterrasse.

**Tourist-Information Kamp-Bornhofen**
*Rheinuferstraße 34*
*56341 Kamp-Bornhofen*
*Tel.: 06773/9346*
*ortsgemeinde@kamp-bornhofen.de*
*www.kamp-bornhofen.de*

## Wie Katz und Maus

Oberhalb von Wellmich thront die Deurenburg, besser bekannt als Burg Maus. Ihren Namen hat sie einer ebenfalls nicht sehr wohlgesonnenen Nachbarschaft zu verdanken. Als der Trierer Erzbischof die Burg 1355 zur Sicherung seines neuen Besitzes errichten lässt, schaut der benachbarte Graf von Katzenelnbogen nicht lange tatenlos zu. Oberhalb von St. Gaorshausen baut er 1371 Burg Neu-Katzenelnbogen, die die Burg des Erzbischofs belauert wie die Katz die Maus. Heute beherbergt Burg Maus einen Adler- und Falkenhof mit täglichen Flugvorführungen. Burg Katz oberhalb von St. Goarshausen ist in japanischem Privatbesitz und kann nur aus der Ferne besichtigt werden.

*Wie Katz und Maus: Oberhalb von Wellmich thront Burg Maus (oberes Bild), Burg Katz steht wenige Kilometer entfernt bei St. Goarshausen.*

## Sehenswertes zwischen Bingen und Trechtingshausen

### Berüchtigtes Raubritternest

Einen nicht gerade guten Ruf genießt Burg Reichenstein bei mittelalterlichen Zeitgenossen. Wer als Händler unbeschadet an dem berüchtigten Raubritternest vorbeikommt, darf aufatmen. 1253 wird sie vom Rheinischen Städtebund zerstört, wenige Jahre später von König Rudolf von Habsburg gleich noch einmal. Wieder wird sie aufgebaut, doch im 16. Jh. gerät sie in Vergessenheit. 1899 kauft Baron Kirsch-Puricelli die Ruine und verwandelt sie in eine neugotische Anlage. Heute sind alte Waffen, Möbel des 16. bis 19. Jahrhunderts und die größte Taken- und Ofenplatten-Sammlung in Rheinland-Pfalz hier zu besichtigen.

*Burg Reichenstein, ein typisches Beispiel einer Spornburg. Sie steht auf einem langgezogenen Bergrücken und ist an drei Seiten durch Abhänge geschützt. An der schmalen Angriffsseite steht die Schildmauer.*

### Romantisches Schmuckstück

Während König Rudolf von Habsburg das Raubritternest Reichenstein zerstören lässt, wohnt er auf der ihm treu ergebenen Rheinstein. 90 Meter über dem Rhein trohnt sie auf einem schroffen Felsen. Auch Rheinstein ist eine lukrative Zollstelle, die im Laufe der Jahrhunderte nicht nur acht Mal den Namen wechselt, sondern auch etliche Male den Besitzer. Als die Schweden 1632 ins Rheintal kommen, ist sie bereits eine Ruine. 1825 kauft Prinz Friedrich von Preußen sie, nennt sie Rheinstein und macht sie zum bedeutendsten Beispiel des romantischen Burgenwiederaufbaus am Mittelrhein. Kern der Burg ist ein Wohnturm aus dem frühen 14. Jh. Heute präsentiert die Burg kostbare Glasmalereien, Stilmöbel, Waffen, Rüstungen und eine Preußengruft.

### Der Mann ohne Kopf

Auf eine schauerliche Sage gehen die Ursprünge der Clemenskapelle zurück: Bei der Zerstörung von Reichenstein und Sooneck 1282 durch König Rudolf von Habsburg fallen ihm die Bewohner von Burg

Sooneck in die Hände. Der zum Strang verurteilte Burgherr fleht den König an, seine sechs Söhne leben zu lassen. Der sagt zu, wenn es ihm gelinge, enthauptet an der Reihe seiner Söhne entlangzugehen. Das Unglaubliche geschieht: Er schafft es und die Sage „Mann ohne Kopf" ist geboren. Die Wirklichkeit allerdings ist weit weniger „sagenhaft". Sämtliche Burgmannen werden aufgehängt, eine für Edelleute schändliche Strafe. An der Hinrichtungsstelle lassen die Angehörigen eine Kirche errichten. Zu finden ist der spätromanische Bau am Fuß von Burg Reichenstein.

**Tourist-Information Bingen**
*Rheinkai 21*
*55411 Bingen*
*Tel.: 06721/184205*
*tourist-information@bingen.de*
*www.bingen.de*

**Gemeinde Trechtingshausen**
*Römerstraße 24*
*55413 Trechtingshausen*
*Tel.: 06721/6167*
*www.trechtingshausen.de*

**Heimatmuseum Trechtingshausen**
*geöffnet von April bis Oktober, jeden zweiten So von 14–16 Uhr*
*Terminvereinbarungen unter 06721/6201 oder 06721/33404*

## Von Mäusen gefressen

Auch der Mäuseturm bei Bingen hat eine unheimliche Sage zu bieten: Der geizige Mainzer Erzbischof Hatto (891-913) soll wegen der Verbrennung Hungernder in den Turm geflüchtet und dort von Mäusen gefressen worden sein. Errichtet wird der Zollturm im 13. Jh. auf einer Felseninsel am Binger Loch. Mitte des 19. Jhs. machen die Preußen daraus ein neugotisches Türmchen und einen Signalturm für die Schifffahrt. Eine Besichtigungsmöglichkeit besteht nicht.

## Wechselvolle Geschichte

So oft zerstört wie kaum eine andere Burg wird Burg Klopp in Bingen: 1165 von Barbarossa, 1301 von König Albrecht von Österreich, im 30jährigen Krieg von der katholischen Liga und schließlich 1689 durch Ludwig XIV. Mitte des 19. Jahrhunderts beginnt ein vermögender Kölner Kaufmann nach historischen Plänen den Wiederaufbau. Seit 1897 gehört die Burg der Stadt Bingen, die im Burgturm das Binger Heimatmuseum untergebracht hat.

*Direkt am Rheinufer bei Trechtingshausen liegt die Clemenskapelle.*

*Von der Loreley zum Elslein von Kaub*

# Sagenhaftes Rheintal

**Für begeisterte Rheintalwanderer ist die Tour zwischen St. Goarshausen und Kaub die schönste Wanderstrecke am gesamten Mittelrhein. Kein Wunder. Sie hat nicht nur einen sagenhaften und weltberühmten Felsen zu bieten, sondern ebenso sagenhafte Ausblicke, steile Seitentäler und wunderschöne Wanderpfade.**

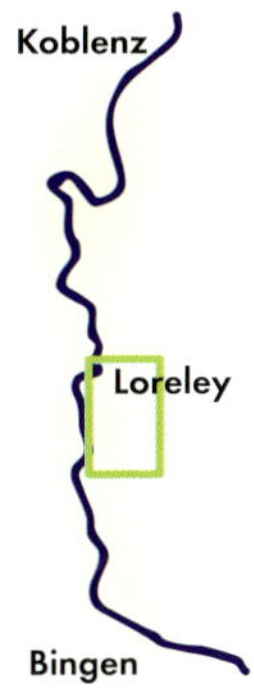


Beinahe ein Muss auf dieser Tour ist ein Abstecher zum Loreleyfelsen. Denn hier oben soll die blonde Jungfrau gesessen haben und den Schiffern zum Verhängnis geworden sein. Wer es gern etwas weniger touristisch mag, ist besser auf der „Felsenkanzel" etwas südlich der Loreley aufgehoben. Von diesem wohl schönsten Platz im Mittelrheintal hat man eine herrliche Sicht auf den berühmten Felsen und den Rhein hinab bis nach Oberwesel.
Sagenhaft geht es weiter. Vom Aussichtspunkt „Alte Burg" entdeckt man bei Niedrigwasser die „Sieben Jungfrauen", sieben aus dem Wasser ragende Felsen, die eine schaurige Geschichte zu erzählen haben. Ein gewundener, fast alpiner Pfad führt weiter bis nach Dörscheid und wenig später bestaunt man den nächsten Ausblick: Kaub und – mitten im Rhein – die Pfalz.

*Einer der schönsten Plätze am Rhein ist die Felsenkanzel. Von dem kleinen Felsvorsprung genießt man einen herrlichen Blick auf die Loreley und Oberwesel.*

### 135 Sagenbände

Über kaum eine Landschaft wurde eine solche Fülle von Sagen erdichtet wie über das Rheintal. Allein 135 Sagenbände zählte eine 1908 erschienene Zusammenstellung gedruckter Sagen unter dem Stichwort Rheinland. Die meist in der Ritterzeit spielenden Geschichten sind selten uraltes Kulturgut. Entstanden sind sie vielmehr Anfang des 19. Jahrhunderts, als die Romantiker begeistert Mittelalterliches wiederentdeckten und im Rheintal die ideale Bühne für ihre Fantasien sahen.

*Linke Seite: Burg Katz und die sagenumwobene Loreley im Morgennebel.*

# Von St. Goarshausen nach Kaub

***Tourdaten***

***Länge***
*Strecke: ca. 19 km*
*Rundtour: ca. 25 km*

***Gehzeit***
*Strecke: ca. 5¾ Std.*
*Rundtour: ca. 7 Std.*

***Charakter***
*abwechslungsreich, dicht am Rheinhang entlang, steile Taleinschnitte, überwiegend Pfade, zum Teil sehr steil und felsig, viele Aussichtspunkte*
*Rundwanderung: aussichtsreicher Rückweg über die Höhe*

***Parken***
*Von Koblenz kommend vor dem Hotel „Deutsches Haus" rechts abbiegen, nach wenigen Metern kommt ein kostenfreier Parkplatz*

***Essen & Trinken***

***Landgasthof Blücher***
*56348 Dörscheid*
*Tel.: 06774/267*
*www.landgasthof-bluecher.de*

***in St. Goarshausen***
*> Seite 32*

***in Kaub***
*> Seite 74*

Los geht die „Sagentour" in St. Goarshausen. Der Weg führt zunächst am Rhein entlang Richtung Kaub bis zum Abzweig Richtung Loreley. Dort nach links abbiegen und gleich hinter der Bahnunterführung rechts zwischen den Häusern in den Rheinsteig einbiegen. Von hier geht es steil einen Pfad hinauf, vorbei an **Burg Katz**, die nicht besichtigt werden kann, bis zum St. Goarshäuser Ortsteil Heide. Am Schulkomplex vorbei, folgt der Weg der Hangkante. An der großen Gabelung rechts halten und weiter geradeaus durch den Ort bis zum Ende der Häuser. Dort rechts in einen kleinen Pfad einbiegen, der durch ein kurzes Waldstück auf eine Wiese führt (Rheinsteig folgen).

Am Schotterweg angekommen, geht es wenige Meter nach links und gleich darauf wieder rechts über einen Wiesenweg bis zum **Loreley-Besucherzentrum.** An der Rückseite des Besucherzentrums führt die Route über den Parkplatz bis zur Zufahrtsstraße zur Loreley. Wer einen Abstecher zum Loreleyfelsen machen möchte, biegt nach rechts ab, für alle anderen geht es nach links weiter. Dem

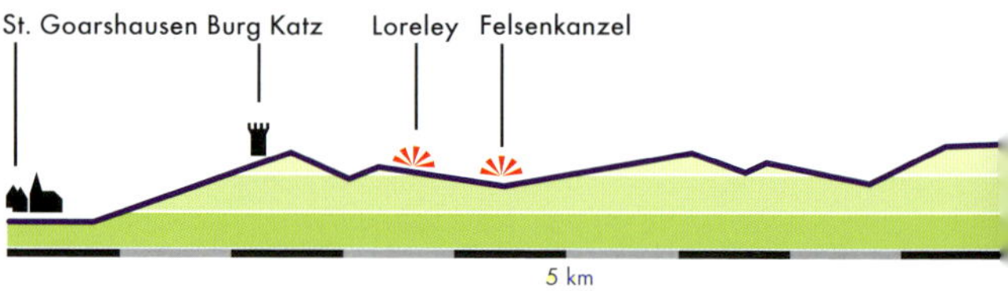

Weg parallel zur Straße folgen bis zum „Weinfass", wo es nach rechts weitergeht (Rheinsteig folgen). An der ersten Gabelung rechts halten (unter dem Torbogen hindurch), weiter durch die Weinberge bis zur nächsten Gabelung, dort nach links abbiegen und dem Waldweg folgen. Kurz vor dem Hofgut Leiselfeld nach rechts in die Wiesen abbiegen und weiter bis zum Aussichtspunkt Spitznack. Von dort geht es am Hang entlang bis zur **Felsenkanzel** und zurück Richtung Hof Leiselfeld. Der kleinen Teerstraße senkrecht vom Rhein weg folgen bis zum Schilderpfosten, dort nach rechts abbiegen und nach ca. 20 m links dem Pfad folgen. Nach wenigen Metern verlässt die Tour den Rheinsteig und führt am Hang entlang bis zum Taleinschnitt, wo es geradeaus den Pfad hinabgeht. Im Tal den Bach überqueren und am Talweg nach links und an der nächsten Querstraße nach rechts abbiegen. An der folgenden Gabelung erneut rechts halten. Nach einem wunderschönen Aussichtspunkt oberhalb des Urbachtales verläuft der Weg ca. 200 m am Taleinschnitt entlang und biegt dann rechts als steiler Pfad ins Urbachtal ab. Nach der Treppe nach rechts abbiegen. Im Tal angekommen, geht es über den Bach und links wieder das Tal hoch. An der nächsten Querstraße scharf rechts abbiegen, bis zur nächsten Gabelung, dort links halten (den Rheinsteig verlassen) bis auf die Höhe, wo es rechts Richtung Rhein weitergeht. Nach 50 Metern wieder rechts halten. Der Weg führt nun als Pfad am Rheinhang entlang, über den felsig-alpinen **"Roßstein"** bis auf die Höhe. Von dort dem Rheinsteig entlang des Gebüschrandes bis nach **Dörscheid** folgen. Bei den ersten Häusern von Dörscheid angekommen, den Rheinsteig verlassen und nach links abbiegen. An der nächsten Straße rechts halten bis zur Hauptstraße und dort wieder nach rechts abbiegen. Es geht durch den Ort bis zum Landgasthof Blücher. Hier teilt sich die Tour. Wer weiter nach Kaub will, biegt rechts zum Landgasthof Blücher ab, hält sich Richtung Rheinhang und folgt dem Rheinsteig-Pfad bis nach **Kaub**.

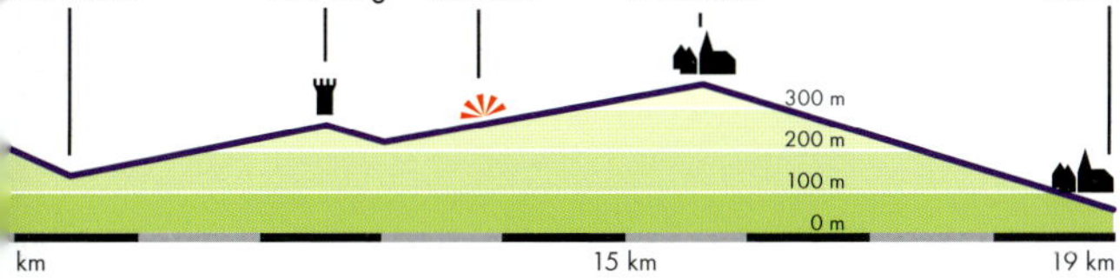


***Rückfahrt per Schiff:***
*letzte Abfahrt von Kaub nach St. Goarshausen 17.25 Uhr*
*Fahrplan unter: www.koeln-duesseldorfer.de*

***Rückfahrt per Bahn:***
*letzte Abfahrt von Kaub nach St. Goarshausen 22 Uhr (So 23 Uhr)*
*Abfahrt ca. jede Stunde*
*Fahrplan unter: www.deutschebahn.de*

*Foto linke Seite: Fantastische Blicke auf die Loreley bieten sich vom Wanderweg in der Nähe des Hofes Leiselfeld.*

## Rundwanderung:

Die „Rundwanderer" gehen in Dörscheid weiter die Hauptstraße entlang. Ca. 500 m nach dem Ortsausgang links in eine kleine Teerstraße einbiegen. Dem Weg folgen, bis er eine Rechtskurve Richtung Weisel beschreibt. Dort geht es geradeaus über einen Schotterweg bergab bis zu einer Haarnadelkurve, wo man geradeaus dem Pfad folgt („R"). Nach dem Taleinschnitt geht es geradeaus über Wiesen bis nach **Bornich**. Dort zunächst geradeaus halten. Am Querweg nach rechts und an der Kreuzung schräg links in den Schotterweg abbiegen. Am Ende der Straße nach rechts und gleich darauf nach links abbiegen. Von hier geradeaus

*Ein aussichtsreicher Rastplatz, bevor es steil ins Urbachtal hinabgeht.*

weiter bis zu den letzten Häusern, wo es über einen Feldweg geht, der auf eine Teerstraße stößt. An diesem Weg nach links abbiegen und am zweiten Weg sich rechts halten. Dem Weg geradeaus über die Wiesen folgen, eine Teerstraße überqueren und am nächsten Wiesenweg nach rechts abbiegen bis zur parallel zur L338 verlaufenden Straße. Dieser nach links folgen, am Waldrand entlang, die Zufahrtstraße zur Loreley überqueren und weiter bis zur Rheinsteigmarkierung. Hier nach rechts abbiegen, im Ort **Heide** nach links der Straße folgen bis zum Schulzentrum und weiter den Rheinsteig-Pfad wieder bergab bis nach **St. Goarshausen**.

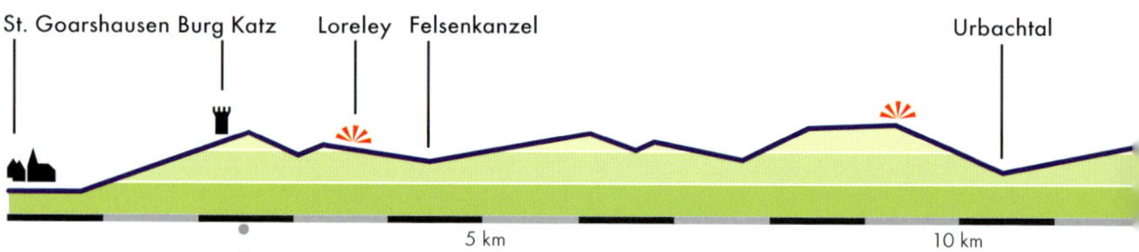

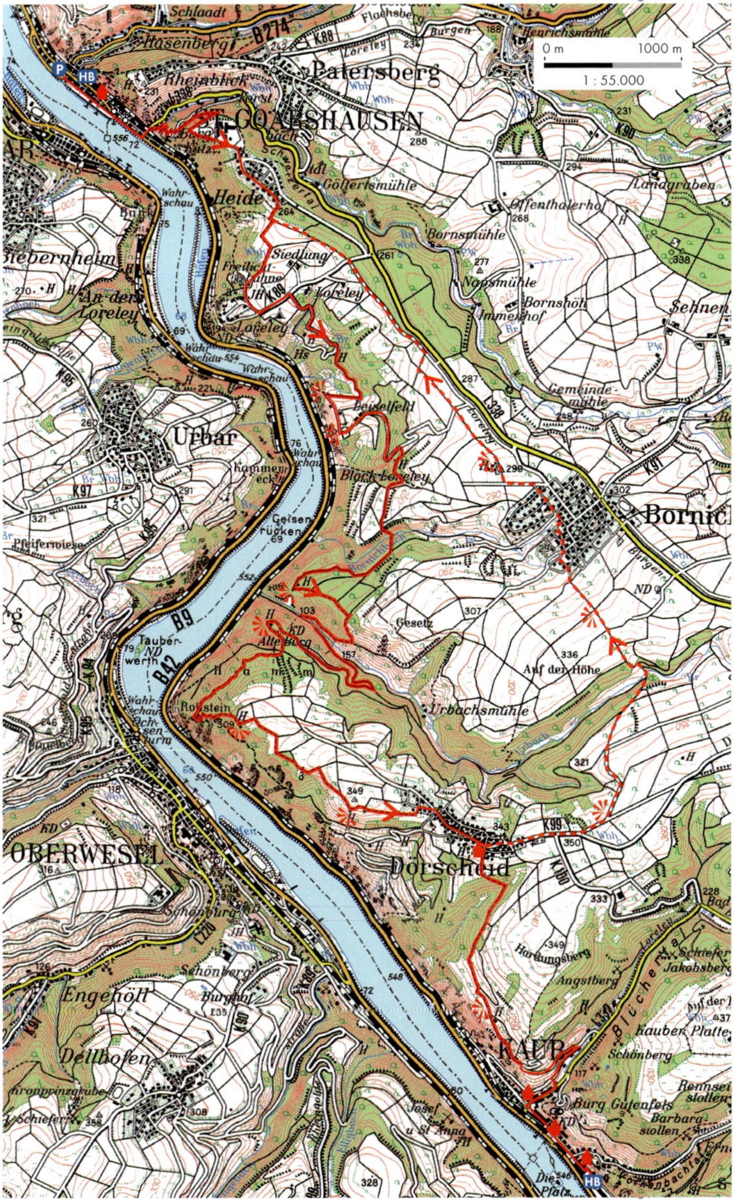
0 m
1000 m
1 : 55.000
St. Goarshausen
Patersberg
Heide
Loreley
Urbar
Bornich
Dörscheid
Oberwesel
Kaub
Burg Gutenfels
Roßstein
Alte Burg
Urbachsmühle
Auf der Höhe
Gesetz
Siedlung
Beuelfeld
Block Loreley
Bornsmühle
Offenthalerhof
Göltertsmühle
Nassmühle
Bornshöh
Immerhof
Gemeindemühle
Hardtungsberg
Angstberg
Schönberg
Engehöll
Dellhofen
Biebernheim
Tauberwerth
Ochsenturm
Schönburg
Die Pfalz
B274
B9
B42
L338
K89
K88
K90
K91
K99
K100
HB

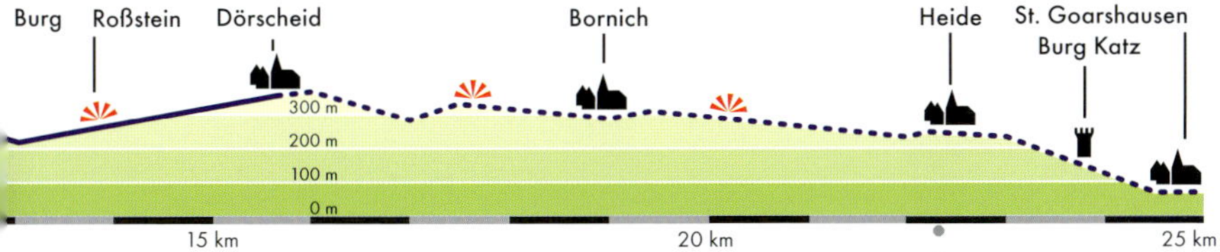
Burg
Roßstein
Dörscheid
Bornich
Heide
St. Goarshausen
Burg Katz
300 m
200 m
100 m
0 m
15 km
20 km
25 km

# Eine Sage geht um die Welt

„Jahrhunderte woben an den Sagen des Rheins und schliffen sie zu den köstlichsten Perlen unseres Volksgutes. Es steigen aus grauer Vergangenheit längst vergessene Gestalten auf, schreiten durch Burgen und Dome; Kampfeslieder erschallen und Brautgesänge ertönen; Speere sausen durch die Luft und Königskronen funkeln im Dämmerlicht" – heißt es im romantisch-kitschigen Vorwort einer Sagensammlung. Auch die Loreley fehlt nicht, doch „gewoben" wurde sie nicht in „grauer Vorzeit", sondern viel, viel später.

*Der berühmteste Felsen am Rhein: Die Loreley.*

### Vom Echofelsen ...

Von den vielen Sagen des Rheintals hat es nur eine zu Weltruhm gebracht: Die Loreley. Schon immer rankten sich um den 132 Meter hohen Felsen sagenhafte Geschichten, entstanden durch das wohl beeindruckende Echo. Man glaubte, dass Zwerge im Berg leben, die Hanselmänner, die in ihrer Hanselmannhöhle einen Schatz hüten. Möglicherweise geht auch der Namen des Felsens auf das Echo zurück: Wörtlich übersetzt bedeutet der Name Loreley Echofels (Lore = mittelhochdeutsch rufen, tönen. Ley = mhd. Fels).

### ... zum Jungfrauensitz

Es ist Clemens Brentano, der den schroffen Loreleyfelsen mit der wunderschönen Sagengestalt Loreley verbindet. 1800 schreibt er ein Gedicht, das er 1802 in seinem Erst-

### Der Handstand auf der Loreley

(nach einer wahren Begebenheit)

Die Loreley, bekannt als Fee und Felsen,
ist jener Fleck am Rhein, nicht weit von Bingen,
wo früher Schiffer mit verdrehten Hälsen,
von blonden Haaren schwärmend, untergingen.

Wir wandeln uns. Die Schiffer inbegriffen.
Der Rhein ist reguliert und eingedämmt.
Die Zeit vergeht. Man stirbt nicht mehr beim Schiffen,
nur weil ein blondes Weib sich dauernd kämmt.

Erst neulich machte auf der Loreley
hoch überm Rhein ein Turner einen Handstand!
Von allen Dampfern tönte Angstgeschrei,
als er kopfüber oben auf der Wand stand. ...

Er stand verkehrt im Abendsonnenscheine.
Da trübte Wehmut seinen Turnerblick.
Er dachte an die Loreley von Heine
und stürzte ab. Und brach sich das Genick. ...

P. S. Eins wäre allerdings noch nachzutragen;
Der Turner hinterließ uns Frau und Kind.
Hinwiederum, man soll sie nicht beklagen,
weil im Reich der Helden und der Sagen
die Überlebenden nicht wichtig sind.

*Die Jungfrau beschäftigte nicht nur die Romantiker: Auszug aus Erich Kästners Gedicht „Der Handstand auf der Loreley", entstanden 1932. Die 3 m hohe Bronzestatue steht auf der Spitze der Mole des Winterhafens am Fuß der Loreley.*

*Grandioser Ausblick von der Felsenkanzel auf den Rhein: Rechts im Hintergrund die Loreley. Links blickt man auf Oberwesel.*

lingsroman "Godwi" veröffentlicht. Eine schöne Jungfrau aus Bacharach will sterben, weil sie den Männern nur Unheil bringt und von ihrem Liebsten verlassen wurde. Doch auch der Bischof erliegt ihrer Schönheit und verweigert ihr den Flammentod. Stattdessen will er sie zum "Nönnchen" machen. Auf dem Weg zum Kloster will die Schöne von der Loreley aus einen letzten Blick auf das Schloss ihres Liebsten werfen – und stürzt sich vom Felsen.

### Ein Lied geht um die Welt

Kaum ist die Loreley "geboren", ist ihr Siegeszug rund um die Welt nicht mehr aufzuhalten. Schon gar nicht, als sich Heinrich Heine 1823 der Sagengestalt annimmt und sein berühmtes Loreleygedicht schreibt, das 1838 von Friedrich Philipp Silcher vertont wird. Noch heute tönt es beim Passieren der Loreley von den Touristenschiffen. Das Echo jedoch, das dem Felsen einst seinen Namen gab, ist verschwunden. Beim Bau des Eisenbahntunnels 1859 bis 1861 verstummte es endgültig.

### Sieben Jungfrauen und das Elslein

Nicht nur die Loreley hat die Fantasie der Menschen angeregt, auch um den Geisenrücken – sieben Felsen, die bei Niedrigwasser vor Oberwesel aus dem Wasser ragen – rankt sich eine Sage. Auf Schloss Schönburg sollen sieben schöne Jungfrauen gelebt haben, die mit ihren Reizen alle Ritter und Fürsten fesselten. Doch sie wiesen sie ab und verspotteten sie obendrein. Die Strafe folgte auf dem Fuß: Wegen ihrer Sprödigkeit wurden sie in sieben Felsspitzen verwandelt. Bei Niedrigwasser sind sie von der Felsenkanzel aus im Rhein zu sehen. Ein ganz anderes Schicksal erleidet das Elslein von Kaub. 1504 soll sich die Tochter des Geschützgießermeisters in den Gesellen des Vaters verliebt haben, der sie daraufhin aus dem Haus jagt. Auch der Geselle verlässt die Stadt und kehrt als Meister in das inzwischen belagerte Kaub zurück. Als das Elslein davon erfährt, will auch sie zurück. Am anderen Rheinufer angekommen, trifft sie auf Truppen, die Kaub befreien wollen, doch den Weg durch die Klippen nicht finden. Sie verkleidet sich als Soldat, führt die Truppen über den Rhein und befreit Kaub. Ebenso wie für die Loreley wird für sie bis heute jährlich eine Nachfolgerin gewählt.

*Der Geisenrücken bei Oberwesel, besser bekannt als die „Sieben Jungfrauen".*

# Einen Abstecher wert:

## Nicht von Dauer

Kaum gelohnt hat sich der Bau von Burg Herzogenstein. Nur zwei Jahre steht sie auf der Höhe zwischen St. Goarshausen und Kaub. 1359 will Ruprecht I. mit ihr sein Territorium schützen, was dem Trierer Erzbischof ganz und gar nicht gefällt. 1361 macht er deshalb kurzen Prozess. Er lässt die Burg zerstören. Übrig geblieben ist von ihr nicht mehr als ein Haufen Steine.

## Bühne frei

Hoch oben auf dem Loreleyfelsen liegt eine der schönsten Freilichtbühnen Deutschlands: Die Loreleybühne. 1933 wird sie von den Nationalsozialisten als sogenannte „Thingstätte" erbaut, als Versammlungsplatz und Feierstätte nach altgermanischem Vorbild. Sie bietet 5.000 Sitzplätze und rund 12.000 Stehplätze. Weltberühmt wird die Loreleybühne in den 80er Jahren, als gigantische Rockfestivals hier stattfinden. Heute ist das Programm gemischt: Von klassisch bis volkstümlich ist für jeden Geschmack etwas dabei. Zu besichtigen ist die Bühne auch außerhalb von Veranstaltungen.

## Loreley total

Dass die Loreley mehr zu bieten hat als einen weltberühmten Mythos, erfährt man im Loreley-Besucherzentrum, das direkt neben der Loreleybühne errichtet wurde. Multimedial werden die Geologie des steilen Felsens, Flora und Fauna, Wissenswertes zur Schifffahrt und zum Leben der Menschen heute und in der Vergangenheit vorgestellt. Aber auch der Mythos Loreley kommt nicht zu kurz. Ergänzt wird das Ganze von einem Shop mit regionaltypischen Souvenirs.

***Touristinformation St. Goarshausen***
*Bahnhofstraße 8*
*56346 St.Goarshausen*
*Tel.: 06771/91011*
*info@loreley-touristik.de*
*www.loreley-tourisik.de*

***Verkehrsamt Kaub***
*Metzgergasse 26*
*56359 Kaub*
*Tel.: 06774/222*
*stadt.kaub@t-online.de*
*www.stadt-kaub.de*

***Besucherzentrum Loreley***
*Auf der Loreley*
*56346 St. Goarshausen*
*Tel.: 06771/599093*
*Öffnungszeiten:*
*März bis Oktober*
*10–17 Uhr, Mo geschl.*
*info@besucherzentrum-loreley.de*
*www.loreley-besucherzentrum.de*

***Sehenswertes in Kaub***
*> Seite 79*

*Eine der schönsten Open-Air-Bühnen Deutschlands: Die Loreley-Freilichtbühne.*

*Von St. Goar nach Oberwesel*

# Alle Mann an Bord

**Ein Rheinbesuch ohne Schifffahrt? Undenkbar. Zumindest die Klassikerroute gehört einfach dazu. Und genau mit der startet die „Schiffstour". Sie verbindet eine Bootsfahrt von Oberwesel nach St. Goar, vorbei am berühmtesten Felsen des Rheintals, der Loreley, mit einer schönen und eher gemütlichen Wanderung zurück zum Startpunkt.**

Die Loreley ist nicht nur der berühmteste Felsen des Rheintals, sondern markierte einst auch die gefährlichste Engstelle des Tales. Lange waren die Klippen am Fuß des 132 Meter hohen Felsens der Untergang manch eines Schiffers. Ganz und gar ungefährlich ist heute eine Reise vorbei am steilen Felsen. Sehenswert ist er allerdings geblieben. Ob vom Schiff aus oder von den gegenüberliegenden Höhen, über die die anschließende Wanderung führt. Immer wieder taucht die Loreley im Blickfeld auf, bis die Aussicht wechselt und eine herrliche Sicht auf Oberwesel und den Rheinlauf freigibt. Wer die Tour etwas verlängern bzw. die Schifffahrt vertagen und lieber eine Rundtour gehen möchte, für den geht es hoch hinaus: Über den Aussichtsturm „Spitzenstein", der auf über 400 Meter Höhe in den Himmel des Hunsrücks ragt, führt die Route über Bibernheim zurück nach St. Goar.

*Ein Ort zum Entspannen: Der Siebenjungfrauenblick bei Oberwesel.*

### 68.000 Schiffe im Jahr

Der Rhein gehört zu den am meisten befahrenen Schifffahrtsstraßen der Erde und seit der Römerzeit zum wichtigsten Transportweg Europas. Um 1800 waren jährlich rund 1300 Schiffe auf dem Rhein unterwegs, im Jahr 2000 waren es über 68.000, rund 50 mal so viel. Nicht mitgerechnet die etwa 850 Ausflugsdampfer. Heute können Schiffe mit bis zu 3000 t den Rhein befahren. Das entspricht pro Schiff rund 100 LKWs oder 75 Bahnwaggons.

*Linke Seite: Schiffsanlegestellen in Kaub. Im Hintergrund Oberwesel.*

# Von St. Goar nach Oberwesel

***Tourdaten***

***Länge***
*Strecke: ca. 11 km*
*Rundtour: ca. 14,5 km*

***Gehzeit***
*Strecke: ca. 3 Std.*
*Rundtour: ca. 4 ¾ Std.*

***Charakter***
*„klein, aber fein", überwiegend Pfade und Wiesenwege, fast permanenter Blick aufs Rheintal*
*Rundtour: Höhenweg mit weiten Blicken*

***Parken***
*kostenfrei kurz vor Oberwesel rechts auf einem Schotterplatz, kostenpflichtig am Rheinufer*

***Essen & Trinken***

***Knab´s Mühlenschenke***
*Gründelbachtal 73*
*56329 St. Goar*
*Tel.: 06741/1698*
*jknab@rz-online.de*
*www.muehlenschenke.de*

***Hotel Landsknecht***
*Rheinuferstraße*
*56325 St. Goar-Fellen*
*Tel.: 06741/2011*
*info@hotel-landsknecht.de*
*www.hotel-landsknecht.de*

***Landgasthof „Zum Rebstock"***
*An der Bach 3*
*56329 Biebernheim*
*Tel.: 06741/7253*
*heinen@hotel-rebstock.com*
*www.hotel-rebstock.com*

***Historische Weinwirtschaft***
*Liebfrauenstraße 17*
*55430 Oberwesel*
*Tel.: 06744/8186*
*iris.marx@t-online.de*
*www.historische-weinwirtschaft.de*

Beginn der Tour ist in St. Goar. Vom Parkplatz aus geht es Richtung Stadt und durch den Bahnhof hindurch. Vor dem Bahnhofsgebäude geradeaus Richtung Rhein halten und dann links in die Fußgängerzone einbiegen. An der Straße, die zur **Burg Rheinfels** führt, nach links abbiegen und gleich hinter der Bahnunterführung rechts abbiegen Richtung Jugendherberge und den Fußweg zur Burg hoch nehmen. An der Burg links halten und zum Hotel Rheinfels abbiegen (wer die Burg besichtigt, wählt die Fußgängerbrücke über die Straße). Von hier geht es am Hang entlang, bis der Pfad auf einen Querweg stößt, dort nach rechts abbiegen und Richtung Biebernheim gehen. Nach zahlreichen Treppenstufen scharf links abbiegen und der „Weintraube" bzw. dem Rheinburgenweg folgen. Oben wartet der Rastplatz **„Uhlenhorst"** mit wunderschönem Blick über St. Goarshausen und Burg Katz. Es geht über den Rastplatz hinweg und gleich dahinter links bis zum Hochsitz. Dort wieder links und gleich darauf rechts abbiegen bis zum **Aussichtspunkt Loreley**. Kurz danach biegt links ein schmaler Pfad ab (Rheinburgenweg). Diesem folgen, an der Abzweigung nach St. Goar weiter geradeaus bzw. den Hang wieder hinauf bis zum Abzweig „Loreleyblick", hier nach links abbiegen und über den Aussichtsplatz bis zur Teerstraße weiter gehen. An der Straße links halten und am Ende der Teerstraße weiter geradeaus. Es geht durch ein kleines Seitental und über eine Wiese, nach der der Weg nach links abbiegt. Am Schotterweg angekommen, rechts halten bis zur nächsten Kreuzung. Hier den zweiten Weg nach links abbiegen und weiter bis zum Heiligenhäuschen, von wo es den Hang bergab geht Richtung **Skulpturenpark**. Am Gebüschrand nach rechts abbiegen und weiter bis zur K95. Hier geht es wenige Meter nach rechts und dann links in einen Feldweg. Dem Weg folgen, bis man erneut auf die K95 stößt, wo sich die Tour in eine kurze und eine lange

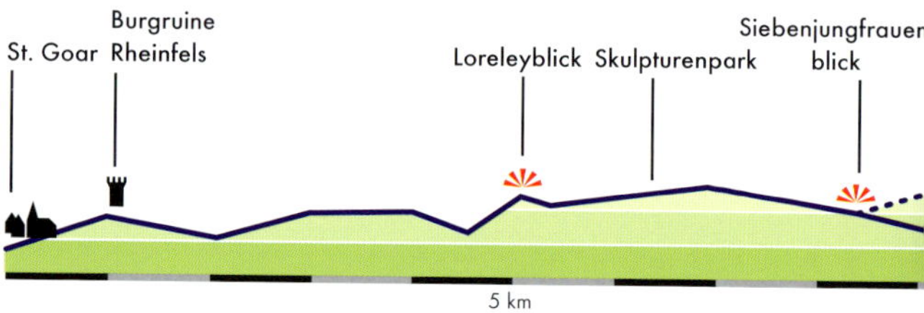

Variante teilt. Wer nach Oberwesel weiter will, überquert die K95 und geht den Hang hinab bis zum **Siebenjungfrauenblick.** Das Fachwerkhaus wurde eigens für die Fernsehserie „Heimat III" hier aufgebaut. Vom „Heimathaus" geht es rechts durch das Torgatter in die Weinberge weiter. Im Neubaugebiet kurz vor der Hauptstraße scharf nach links abbiegen und die nächste rechts (Rheinsteig folgen). An der Hauptstraße links weiter bis zur Stadtmauer, dort rechts den Pfad nehmen und weiter bis nach **Oberwesel**.

## Rundwanderung

Wer die Schifffahrt auf einen anderen Tag verschoben hat und zurück zum Ausgangspunkt gehen möchte, biegt kurz vor der K95 steil rechts ab und folgt der Markierung „R". Es geht geradeaus die Wiesen hoch und weiter Richtung Wald. Am Waldrand angekommen, schräg rechts einbiegen („R" verlassen) und geradeaus weiter bis zur K97 gehen. Dort gleich wieder nach links abbiegen Richtung **„Spitzenstein"**, einem 20 m hohen Aussichtsturm, von dem sich ein weiter Blick über das Rheintal bietet. Vom Turm geht es in die andere Richtung einen steilen Weg bergab wieder bis zur K97 und weiter in den gegenüberliegenden Waldweg. Dem Weg folgen bis zum Waldrand, dort nach links und nach wenigen Metern nach rechts abbiegen. Von hier geht es bergab bis nach Biebernheim. Kurz vor Biebernheim die K95 überqueren, die erste Straße im Ort nach rechts abbiegen und geradeaus bis in den Ortskern, dort rechts halten und das Lohbachtal und die Treppenstufen hinab bis nach **St. Goar**.

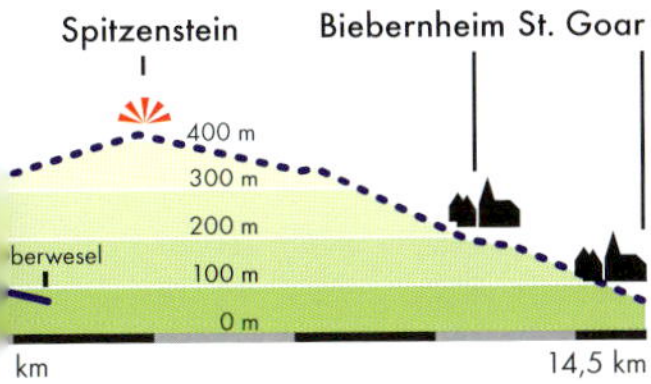


***Abfahrt der Schiffe:***

*Erste Abfahrt von Oberwesel nach St. Goar 10.35 Uhr, letzte Abfahrt 17.35 Uhr, Fahrplan unter: www.koeln-duesseldorfer.de*

# Mit dem Strom schwimmen

**Museen zum Thema:**

**Flößermuseum Kamp-Bornhofen**
*Rheinuferstraße 34*
*Tel.: 06773/1267 o. 9373*
*April bis Okt. Mi von 14.30–17 Uhr od. nach Vereinbarung*

**Wahrschau- und Lotsenmuseum St. Goar**
*An der B9*
*56329 St. Goar*
*Kontakt: Kurt Hubrath*
*Tel.: 06741/7997*

**Rhein-Museum Koblenz-Ehrenbreitstein**
*Charlottenstraße 53a*
*Tel.: 0261/703450*
*Öffnungszeiten:*
*Täglich 10–17 Uhr*
*info@rhein-museum.de*
*www.rhein-museum.de*

Vorbei die Zeiten, als die singende Loreley die Fischer am Fuß ihres Felsens ins Verderben zog. Dabei war sie ganz und gar unschuldig. Riffe, Klippen und Untiefen waren es, die die Schiffer auf Grund laufen ließen – es sei denn, sie hatten einen Lotsen an Bord. Die kundigen Steuermänner kannten den Rhein bis ins letzte Riff und kamen den Schiffern vor allem in Bingen zu Hilfe, wo ein quer durch den Rhein verlaufendes Riff den Weg versperrte und nur ein schmaler Durchbruch, das Binger Loch, eine Fahrrinne bildete, sowie in Kaub und St. Goar mit der Loreley dazwischen. Hatten die Lotsen die Schiffe heil durch alle Gefahren gesteuert, paddelten sie auf kleinen Lotsenschaluppen, später auf sog. Versetzbooten, wieder zurück in ihren Heimathafen. Was für ein reges Treiben auf dem Rhein sorgte, denn 1958 gab es allein in Kaub über 100 Lotsen. Der Rheinausbau machte diesen Berufsstand jedoch allmählich überflüssig. Seit 1974 gibt es im Mittelrhein keine Gefahrenstelle mehr. 1988 wurde die letzte Lotsenstation in Kaub geschlossen.

## Viermal die Woche Lachs

Ebenso wie den Lotsen ergeht es einer weiteren Berufsgruppe: Den Lachsfängern. Bis Ende des 19. Jhs. können sie gut von ihren Fängen leben, denn der Rhein ist zu dieser Zeit der lachsreichste Fluss Europas. Die ertragreichsten Lachsgründe liegen vor allem in den tiefen, schattigen Gewässern nahe der Loreley. Allein 1885 werden rund 220.000 Lachse gefangen. Was Folgen hat für den heimischen Speisezettel. Eine Anekdote berichtet, dass sich Dienstmädchen in ihren Gesindeverträgen schriftlich geben ließen, nicht mehr als viermal die Woche vom rheinischen Edelfisch essen zu müssen. Bald allerdings verschwindet er ganz vom Speiseplan. Dank Überfischung, Flussausbau und Abwässer sterben die Lachse aus. 1937 wird das letzte Lachsfangschiff abgewrackt.

*Hochbetrieb auf dem Rhein: Frachterschiffe bei Kestert.*

Wahrschau-Station bei St. Goar. Die beiden nach rechts geneigten Balken signalisieren dem Bergfahrer: In der Teilstrecke fahren mindestens zwei Einzelfahrer zu Tal.

### Die Technik schaut voraus

Eine Wahrschau-Station zeigt den Bergfahrern an, ob hinter den engen Windungen Talfahrer entgegenkommen, die stets Vorfahrt vor den Bergfahrern haben. Gewarnt werden die Bergfahrer schon seit Jahrhunderten. Zunächst von „vorausschauenden", reitenden Boten, später durch Flaggen, Körbe und Tafelsignale an bemannten Verkehrsposten. Heute gibt es insgesamt fünf Wahrschau-Stationen im Mittelrheintal. Geschaltet werden sie zentral von der Verkehrszentrale Oberwesel, wo ein Radarsystem für die lückenlose Erfassung des Schiffverkehrs sorgt.

### Schwimmende Fußballfelder

Sehenswertes treibt ab Ende des 17. Jhs. auf dem Rhein: Die Flöße. Die schwimmenden Holzinseln, zum Teil größer als heutige Fußballfelder, werden von bis zu 200 Männern mit Hilfe von seitlichen Rudern durch die engen Talwindungen manövriert. Mit an Bord sind häufig bis zu 300 Mitreisende, vor allem fahrendes Volk und Gelegenheitsarbeiter. Sie leben in Hütten mitten auf dem Floß. Ziel der Floßdörfer sind die Niederlande, wo aus dem Holz Deiche, Mühlen und Schiffe gebaut werden. Bald kommen die Holzungetüme jedoch den Dampfschiffen in die Quere und sie schrumpfen zusehends. Die letzten Flöße treiben 1950 auf dem Rhein. Eine Hochburg der Flößerei war Kamp-Bornhofen, wo es um die Jahrhundertwende zwei Floßfirmen und einen Floßliegeplatz gab.

Schiffsromantik in Kamp-Bornhofen, wo heute ein Flößermuseum an die alten Zeiten als Flößerhochburg erinnert.

### 20 Pferde für 50 Tonnen

Den härtesten Job am Rhein hat eine Berufsgruppe, die nicht auf dem Rhein, sondern zu Fuß an den Ufern unterwegs ist: Die Treidler. Schon die Römer lassen ihre Schiffe gegen die – teils starke – Strömung und bei Windstille ziehen. Eine Mühsal, die sich im Mittelalter fortsetzt.

**_Lange Wege_**
*Um 1800 braucht ein mit 100 t beladenes Schiff von Köln nach Mainz zwischen einer Woche und zweieinhalb Wochen. Heute schafft es ein mit 3000 t beladenes Frachtschiff dank 1500 PS starker Motoren in nur ca. 19 Stunden. Das Wasser des Rheins benötigt übrigens vom Bodensee (Rheinkilometer 0,0 in Konstanz) bis zur Nordsee (Rheinkilometer 1032,85) rund 10 Tage.*

Von häufig schlechten Uferwegen aus, die zudem nicht selten unter Wasser stehen, ziehen die Treidler die kleinen, kastenförmigen Nachen, die im Mittellater auf dem Rhein unterwegs sind, durch die Strömung. Ab dem 16. Jh. wird die Plackerei für die Treidler allerdings zu groß. Die Schiffe sind zu schwer geworden und Pferde müssen die Arbeit der Treidler übernehmen. Die aber brauchen befestigte Uferwege, woraufhin die teilweise noch heute vorhandenen Leinpfade entstehen. 20 Pferde werden benötigt, um ein mit 50 Tonnen beladenes Transportschiff zu treideln.

## Mit Volldampf voraus

Ab 1816 qualmt es mächtig auf dem Rhein: Das erste Dampfschiff tritt seine Reise an. Was den Pferdehaltern gar nicht gefällt. 1848 beschießen sie in Neuwied einen Radschleppdampfer mit Kanonenkugeln. Den Untergang ihres Berufsstandes können sie trotzdem nicht aufhalten. Andere hingegen freuen sich, denn mit den Dampfschiffen kommen die Touristen. Schon Mitte des 19. Jahrhunderts sind es mehr als eine Million. Ab 1827 können Reisende viermal pro Woche in 10 Stunden von Mainz nach Köln fahren. Für damalige Verhältnisse eine atemberaubende Geschwindigkeit. "Oh wie herrlich liegt Schloss Rheinstein! Wo? Wo? – Hier dicht vor uns! Nein, jetzt ist's verschwunden", heißt es in einem zeitgenössischen Kommentar.

*Der Hafenkran von St. Goarshausen, 1917 errichtet und 1999 stillgelegt. Mit seiner Hilfe wurden Steine, Koks und Getreide auf die Nassauische Kleinbahn und später auf LKWs umgeladen.*

## Schieben statt ziehen

Doch auch die Zeit der Dampfschiffe geht vorbei. Ab 1912 fahren die Schiffe mit Dieselmotoren statt mit Dampfmaschinen, statt aus Holz sind sie nun aus Eisen. Moderne Schiffsschrauben lösen die Schaufelräder ab und selbstfahrende Motorschiffe die langen Schleppverbände, bei denen ein Radschleppdampfer fünf bis sechs Schleppkähne hinter sich her zog. Ab den 50er Jahren wird dann nicht mehr gezogen, sondern geschoben. Die Schubschifffahrt revolutioniert den Gütertransport geradezu. Ein Schubboot mit ca. 1200 PS schiebt mehrere unbemannte Transportkähne, sog. Leichter, vor sich her. Bis zu 190 m lange Schubverbände fahren heute auf dem Rhein, die bis zu 11.000 t Ladung aufnehmen können.

# Einen Abstecher wert:

## Hier spielt die Musik

Eine Burg, der ihre große Vergangenheit noch immer anzusehen ist, ist Rheinfels. Nach ihrer Erbauung durch Diether V. von Katzenelnbogen ist sie das Zentrum höfischen Lebens am Mittelrhein. 1570 wird Rheinfels zur Renaissance-Festung ausgebaut und übersteht sogar die Truppen Ludwigs XIV. 1796/97 ist ihr Schicksal dennoch besiegelt. Französische Truppen sprengen Rheinfels. Ihre Ruinen und die unterirdischen Gänge sind jedoch bis heute beeindruckend geblieben. Zudem verrät ein informativer Lehrpfad, der Rheinfelspfad, spannende Details rund um den Lebensraum Burg.

**Tourismusinformation Oberwesel**
*Rathausstraße 3*
*55430 Oberwesel*
*Tel.: 06744/ 710624*
*info@oberwesel.de*
*www.oberwesel.de*

**Touristinformation St. Goar**
*Heerstraße 86*
*56329 St. Goar*
*Tel.: 06741/383*
*touristinfo@st-goar.de*
*www.st-goar.de*

## Wechselwirkungen

Unerwartetes taucht kurz vor Oberwesel auf: Der Skulpturenpark. Seit 1996 sollen 20 Exponate zeitgenössischer Künstler die – je nach Jahreszeit und Witterung unterschiedliche – Wechselwirkung zwischen Kunst und der Landschaft des Mittelrheins vermitteln.

## Die „Rote Kirche"

Kaum zu übersehen, steht am südlichen Ende von Oberwesel die Liebfrauenkirche, wegen ihres Verputzes auch „Rote Kirche" genannt. So schlicht sie außen ist, so aufwändig ist sie innen. Ein filigraner, gotischer Lettner trennte einst die Stiftsherren im Chor vom Laienpublikum im Langhaus. Der Hochaltar ist einer der frühesten und wertvollsten Schnitzaltäre des Rheinlandes. Seit 1740 klingt die mächtige Barockorgel durch die Kirche. Erbaut wurde sie von Meister Eberhardt.

*Schlicht von außen, aufwändig von innen: Die Liebfrauenkirche in Oberwesel.*

## Von Turm zu Turm

Oberwesel ist von einer fast noch vollständig erhaltenen Stadtmauer umgeben. Von den ursprünglich 21 Wehrtürmen stehen noch 16, von der rund 3 km langen Stadtmauer ist ein Großteil begehbar.

1368
WEIN-
HAUS
ALTES
HAUS
„Altes Haus"

*Von Bacharach nach Oberwesel*

# Schön wie ein Dichtertraum

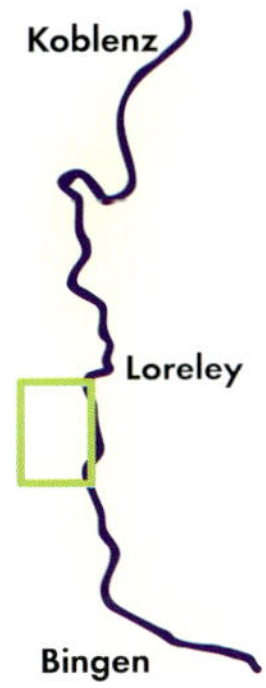


**„Das ist eine Gegend wie ein Dichtertraum" begeistert sich 1801 Heinrich von Kleist auf seiner Reise durchs Mittelrheintal. Sein romantischer Blick auf das Tal beeinflusst ganze Generationen von Rheinbesuchern. Nicht ohne Grund. Wer heute durch die engen Gassen von Bacharach schlendert und an Burgen und Felsen entlangwandert, kann die Romantiker verstehen: Trotz allen Fortschritts hat der Rhein seine romantischen Seiten bewahrt.**

Fasziniert sind die Romantiker ganz besonders von Bacharach. Enge Gassen, schiefe Fachwerkhäuser, mittelalterliches Flair – hier finden sie alles, was das romantische Herz höher schlagen lässt. Für Victor Hugo ist Bacharach sogar eine der „schönsten Städte der Welt". Kein Wunder also, dass die Romantik-Tour in Bacharach beginnt. Nach einer Stadtbesichtigung, zu der unbedingt ein Abstecher zum Malerwinkel gehört, geht es hoch in die Weinberge. Es folgt eine abwechslungsreiche Tour über Höhen und durch Täler, vorbei an romantischen Plätzen, die allerdings ganz und gar unromantische Namen tragen. Ziel der Wanderung ist Oberwesel, wo sich ein Spaziergang über die rund 3 km lange, von mittelalterlichen Türmen flankierte Stadtmauer lohnt.

*Linke Seite: Das Alte Haus am Marktplatz von Bacharach. Als Inbegriff mittelrheinischer Fachwerk-Romantik wird es im 19. Jh. europaweit publiziert und architektonisches Vorbild für den Historismus.*

### Gemeines mit hohem Sinn

Die nüchterne Weltsicht der Aufklärer ist es, die Ende des 18. Jhs. die Romantiker auf den Plan ruft. Sie wollen in der Welt mehr sehen, als der Verstand erkennen kann. Eine treffende Beschreibung der Romantik gibt Novalis (1772 – 1801): „Indem ich dem Gemeinen einen hohen Sinn, dem Gewöhnlichen ein geheimnisvolles Ansehen, dem Bekannten die Würde des Unbekannten, dem Endlichen einen unendlichen Schein gebe, so romantisiere ich es."

*Noch heute bietet Bacharach eines der malerischsten Stadtbilder am Rhein. Blick von der gegenüberliegenden Rheinseite: Links Burg Stahleck.*

# Von Bacharach nach Oberwesel

**Tourdaten**

**Länge**
*ca. 18 km (Streckenwanderung)*

**Gehzeit**
*ca. 5 Std.*

**Charakter**
*sonnige Höhentour mit weiten Aussichten, überwiegend gut ausgebaute Wege*

**Essen & Trinken**

**Gasthaus Weingut Stahl**
*55430 Dellhofen*
*Tel.: 06744/416*
*www.gasthaus-stahl.de*

**Rhein-Hotel**
*Auf der Stadtmauer*
*55422 Bacharach*
*Tel.: 06743/1243*
*info@rhein-hotel-bacharach.de*
*www.rhein-hotel-bacharach.de*

**Historische Weinwirtschaft**
*Liebfrauenstraße 17*
*55430 Oberwesel*
*Tel.: 06744/8186*
*iris.marx@t-online.de*
*www.historische-weinwirtschaft.de*

Von der Stadtmitte Bacharachs geht es an der Kirche vorbei Richtung Steeg. Der L 224 folgen bis zum Abzweig nach Neurath. Dort scharf nach rechts und gleich wieder nach links abbiegen. Dem Pfad am Bach entlang bis zur nächsten Querstraße folgen, dort erneut nach links abbiegen. Am folgenden Abzweig geht es rechts weiter. Der Weg führt nun am Hang entlang wieder Richtung Rhein. Auf der Rheinhöhe angekommen, geht es weiter durch Weinberge, über Wiesen und Felder bis zum nächsten Taleinschnitt. Hier die K21 überqueren und direkt gegenüber nach rechts in den kleinen Teerweg abbiegen. Der Weg folgt ein kurzes Stück dem Verlauf der Kreisstraße und führt dann wieder hinauf auf die Höhe. Am Gebüschende nach rechts abbiegen und – vorbei am Rastplatz **„Pfalzblick"** – weiter am Gebüschrand entlang. Der Weg beschreibt eine weite Linkskurve und führt dann senkrecht vom Rhein weg. Am Schilderpfosten angekommen, nach rechts abbiegen und die nächste gleich wieder rechts bis zur Hangkante gehen und nach links wieder dem Gebüschrand folgen. Es geht vorbei an einem schönen Aussichtspunkt bis zur Teerstraße. Hier nach links und an der nächsten Querstraße nach rechts abbiegen. Auf der Teerstraße bleiben, bis sie sich dreiteilt. Hier nach rechts Richtung **„Sauzahn"** abbiegen. Vor dem Aussichtspunkt links dem „Rheinburgenweg" folgen und wieder am Gebüschrand entlang, bis der Weg in einem kleinen Seitental auf einen Teerweg stößt. Hier nach rechts abbiegen und an der nächsten Gabelung links bergauf bis zur K88. Der Straße wenige Meter nach links folgen und am Ende der Leitplanke rechts in einen Wiesenweg einbiegen. Von hier geht es einen moosweichen Waldweg in die „Enge Bach" hinab. Am „Pilz" rechts halten. Im Tal angekommen, nach rechts abbiegen und dem Weg aus dem Tal folgen. Kurz

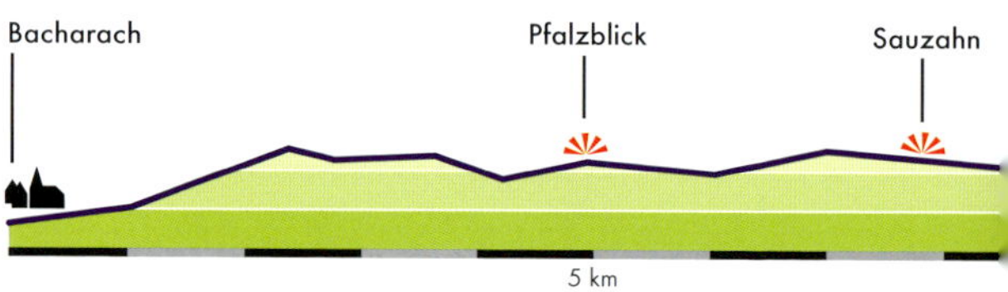

vor **Dellhofen** an der Kreuzung links halten, vor dem Ort rechts und der Straße nach links folgen bis zur Kirche. Hier nach rechts abbiegen und am nächsten Weg links einbiegen (Mühlenweg). Dieser Straße folgen bis in die Wiesen. An der ersten Gabelung rechts, an der nächsten Gabelung links halten. Von weitem sieht man nun den Wegweiser am Gebüschrand, von wo ein schmaler Pfad hinab ins Tal bis **Engehöll** führt. Im Dorf die Dorfstraße nach links abbiegen und ca. 500 m der Straße folgen, dann scharf nach rechts in die Weinberge abbiegen. Von hier geht es am Hang entlang Richtung Rhein. Kurz vor Oberwesel gabelt sich der Weg. Es geht den linken Weg weiter bis zu einem Aussichtspunkt, von wo ein Pfad bis zu einer Teerstraße führt. Hier nach rechts und an den ersten Häusern nach links abbiegen (schmale Treppe). An der Gabelung rechts halten und weiter bis zur Kapelle. Dort rechts nach **Oberwesel** abbiegen und an der Straße links halten bis zum Marktplatz. Von hier geht es rechts zum Bahnhof von Oberwesel.

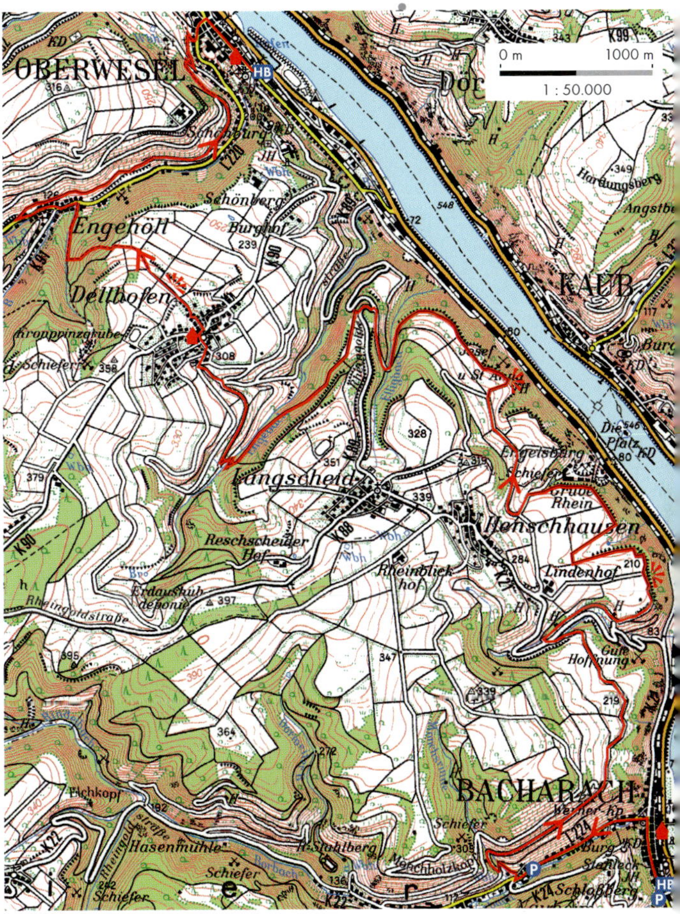


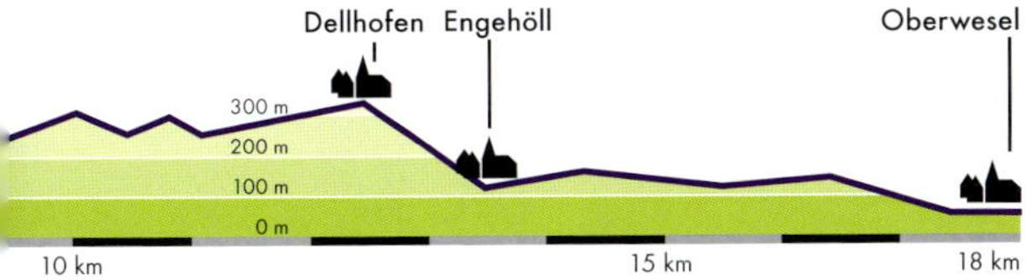


**Rückfahrt per Bahn:**
*letzte Abfahrt von Oberwesel 22.26 Uhr*
*Abfahrt ca. jede Stunde*
*Fahrplan unter:*
*www.deutschebahn.de*

*Bild linke Seite:*
*Ein ideales Plätzchen, um eine Rast einzulegen: Der „Sauzahn".*

**Parken**
*kostenfrei in Bacharach in der Nähe des Bahnhofs oder an der Straße Richtung Steeg*

# Von Ruinen verzaubert

Sie lieben Ruinen und gotische Kirchen, entlegene Orte und wilde Natur voller Melancholie und Einsamkeit, sie fühlen sich zum Volkstümlichen hingezogen, sammeln Gedichte und Sagen und verehren das Mittelalter: Die Romantiker. Die Stunde der deutschen Rheinromantik schlägt im Jahr 1802. Ein Jahr, in dem gleich drei Romantiker durchs Rheintal reisen und das mittelalterliche Erbe zur Burgen- und Ruinenromantik verklären: Friedrich Schlegel, Clemens Brentano und Achim von Arnim. Während sich Schlegel eher in theoretischen Schriften und Reflexionen über die Rheinromantik ergeht, sind Clemens Brentano und Achim von Arnim praktischer veranlagt: Sie sammeln Sagen und Legenden, Lieder und Romanzen und veröffentlichen sie 1806 in ihrer berühmt gewordenen Liedersammlung „Des Knaben Wunderhorn". Wo sie nicht fündig werden oder Vergangenes nur noch unvollständig erhalten ist, ergänzen sie es oder erfinden eigenes dazu. So wie Brentano. Mit seinen Versen "Zu Bacharach am Rheine" schafft er die berühmteste Mythengestalt der Rheinromantik: Die Loreley (> Seite 47)

*Der Malerwinkel in Bacharach. „Malerisches" zum Thema Rheinromantik gibt es im:*

**Mittelrhein-Museum**
*Florinsmarkt 15*
*56068 Koblenz*
*Tel.: 0261/1292520*
*info@mittelrhein-museum.de*
*www.mittelrhein-museum.de*

## Schaurig schön

Dabei sind es zunächst nicht die Dichter und Denker, die den Rhein mythisch verklären. Es sind die Engländer, die auf ihrer obligatorischen Bildungsreise Richtung Italien das Rheintal durchqueren und den Rhein erstmals aus einer völlig neuen, geradezu revolutionären Perspektive betrachten: Nicht als mühevollen und gefährlichen Transportweg, sondern als eine schauerlich schöne Landschaft, in der es von Sagen und Gespenstern nur so wimmelt. So ergeht es auch Mary Shelley, die zweimal an den Ufern des Rheins unterwegs ist und sich inspirieren lässt. Ihre Eindrücke hat sie in einem weltberühmt gewordenen Werk verarbeitet, dem Schauerroman „Frankenstein".

## Die malenden Holländer

Geradezu magische Anziehungskraft übt der Rhein auch auf die Maler aus. Die ersten kommen aus Holland, das aufgrund seines Welthandels zu einer führenden Macht in Europa aufgestiegen ist. Gefragt sind deshalb detailreiche Karten und Atlanten. Zugleich aber lassen sich die Maler, wie Roelant Savery, zu ersten fantastischen Landschaftsbildern anregen. Zu den bekanntesten Künstlern zählt William Turner (1775-1851). In dramatischen Lichtstimmungen ist auf seinen Bildern alles vereint, was den Rhein für die neuen Rheinliebhaber attraktiv macht: Burgruinen und gotische Kirchen, Schieferfelsen, Weinberge, wilde Wasser und idyllische Szenen an den Ufern, umrahmt von ursprünglichen Fischerdörfern.

### Ein überlegtes Kunstwerk

Friedrich Schlegel (1772-1829) schreibt nach einer Reise an den Rhein: „Von da (Koblenz) bis St. Goar und Bingen wird das Tal immer enger, die Felsen schroffer, und die Gegend wilder; und hier ist der Rhein am schönsten. Überall belebt durch die geschäftigen Ufer, immer neu durch die Windungen des Stroms, und bedeutend verziert durch die kühnen, am Abhange hervorragenden Bruchstücke alter Burgen, scheint diese Gegend mehr ein in sich geschlossenes Gemälde und überlegtes Kunstwerk eines bildenden Geistes zu sein, als einer Hervorbringung des Zufalls zu gleichen (...)"

*Burg Stahleck bei Bacharach ist heute eine Jugendherberge.*

## Der "karierte" Engländer

Auch die Reiseliteratur hat sich längst des Themas angenommen und bringt eine wahre Flut von Reisebeschreibungen zum Thema Rhein. Allein zwischen 1790 und 1840 gibt es 120 Rheinreiseführer. Im Vergleich dazu: Von der Elbe sind es nur 40, von der Weser sechs. Zu den wirkungsvollsten zählt vermutlich "Jung Harolds Pilgerfahrt" von Lord Byron. Sein Werk zieht die Engländer in Scharen an den Rhein. Ab 1823 kommen sie mit dem Dampfschiff und wenige Jahrzehnte später mit der Eisen-

*Heinrich von Kleist schwärmt 1801 in höchsten Tönen vom Rheintal: "Das ist eine Gegend wie ein Dichtertraum, und die üppigste Phantasie kann nichts Schöneres erdenken als dieses Tal, das sich bald öffnet, bald schließt, bald blüht, bald öde ist, bald lacht, bald schreckt".*

*Bestens auf japanische Gäste eingestellt: Die Gastronomie in Rüdesheim.*

bahn. Für die Einheimischen bieten sie so manches zum Schmunzeln: Besonders ihre karierten Anzüge, die Sitzkissen und Fernrohre, die vielen Schals und Schachteln ziehen den Spott der Zeitgenossen auf sich.

## Der Rhein wird politisch

Doch nicht nur der Tourismus boomt, auch die nationale Begeisterung, mit dem Rhein als Symbol für die deutsche Einheit, zieht immer weitere Kreise. Schon die Romantiker sind nicht unpolitisch und wollen mit ihrer Besinnung auf das gemeinsame Erbe der Vorzeit die nationale Opposition gegen Napoleon stärken. Endgültig zum Symbol für die deutsche Einheit wird der Rhein Mitte des 19. Jhs. Mit seinem Gedicht "Die Wacht am Rhein" entfacht Max Schneckenberg 1840 eine wahre Welle nationaler Begeisterung. Auch der Sieg über Frankreich 1870/71 schlägt sich symbolträchtig am Rhein nieder: Gleich zwei monumentale Denkmäler erinnern an die historische Stunde: Das Kaiser-Wilhelm-Denkmal am Deutschen Eck in Koblenz und das Niederwalddenkmal oberhalb von Rüdesheim.

## Wein, Weib und Gesang

Mit dem „überlegten Kunstwerk eines bildenden Geistes", wie Schlegel das Rheintal nannte, ist es vorbei, als Mitte des 19. Jhs. der Massentourismus Einzug ins Tal hält und das Kunstvolle der Romantiker allmählich zum Kitsch verkommt. So kann man erstmals bunt verzierte Souvenirs, wie Tassen oder Stockschilder, mit nach Hause nehmen. Ab 1875 grüßt man die Daheimgebliebenen mit Postkarten. Weitere 100 Jahre später kommt man vor allem an den Rhein, um lautstark und trinkfreudig dem Trio Wein, Weib und Gesang zu huldigen. Mittlerweile aber besinnt man sich wieder auf die Ursprünge der romantischen Rheinbetrachtung. So war 2002 das Jahr der Rheinromantik. Und statt Massentourismus heißt heute das Ziel: Anspruchsvoller Individualtourismus.

*Ein Magnet für Tagestouristen und Vergnügungssuchende: Die Drosselgasse in Rüdesheim.*

# Einen Abstecher wert:

## Vom Wallfahrtsort zum Mahnmal

Auf einen unschönen Vorfall geht der Bau der Werner-Kapelle zurück. 1287 wird in Bacharach der Knabe Werner ermordet. Schnell gibt man den Juden die Schuld und errichtet für Werner eine Wallfahrtskapelle. Erst 1426 fertiggestellt, zerstören im Jahr 1689 Steine von der gesprengten Burg Stahleck Dach und Gewölbe. Die Reste der gotischen Ruine sind heute ein Mahnmal gegen den Antisemitismus.

## Die heimliche Hochzeit

Gemeinsam mit der Pfalz war sie nicht nur eine einträgliche Zollstation, Burg Stahleck wurde im Laufe ihrer Geschichte auch zum Schauplatz einer heimlichen Liebesheirat. 1194 vermählt Pfalzgräfin Irmingard ihre Tochter Agnes in aller Stille mit dem Sohn Heinrichs des Löwen. Der Gatte Irmingards und auch Kaiser Heinrich VI. sind erbost, denn der neue Ehemann gehört zum feindlichen Lager. Die Liebe aber siegt und die Ehe stiftet Frieden zwischen den verfeindeten Parteien. 1689 ereilt Burg Stahleck das Schicksal vieler Burgen: Sie wird von den Franzosen gesprengt. Seit 1927 gehört sie zu den schönsten Jugendherbergen Deutschlands, und seit 1967 wird sie wieder vom romanischen Bergfried gekrönt. Sehenswert ist der wassergefüllte Halsgraben und natürlich die Aussicht. Von der Burg selbst ist nur der Burghof zu besichtigen. (> Foto Seite 69)

## Hinter dicken Mauern

Neben Oberwesel besitzt Bacharach die besterhaltene Stadtbefestigung am Mittelrhein. Die Türme am Rheinufer sind durch einen überdachten Wehrgang verbunden, der zu einem schönen Spaziergang einlädt.

***Rhein-Nahe-Touristik***
*Oberstraße 45*
*55422 Bacharach*
*Tel.: 06743/919303*
*info@rhein-nahe-touristik.de*
*www.bacharach.de*

***Tourismusinformation Oberwesel***
*Rathausstraße 3*
*55430 Oberwesel*
*Tel.: 06744/710624*
*info@oberwesel.de*
*www.oberwesel.de*

***Sehenswertes in Oberwesel***
*> Seite 63*

*Rund um Kaub*

# Bergmann Glückauf

**Wovon die Menschen in Kaub einst lebten, davon zeugt nicht nur das Stadtwappen. Haushoch aufgeschüttete Berge von Schiefersteinen, die Abraumhalden, berichten ebenfalls von einer steinigen Vergangenheit. Zu sehen sind sie auf der „Bergbautour" rund um Kaub, die zu einem der schönsten Streckenabschnitte des Rheintals gehört.**

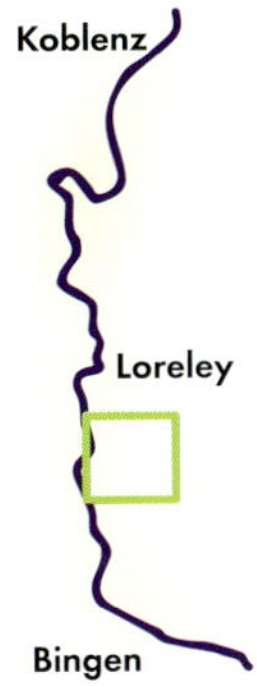


Entlang des Kauber Zuges – der einen Teil des Rheinischen Schiefergebirges bildet – geht es auf der „Bergbautour". Dass der Kauber Zug jahrhundertelang als Steinbruch genutzt wurde, lässt sich noch heute vielfach entdecken. Denn gesäumt wird der Weg von einer alten Spalthalle, turmhohen Abraumhalden und gut erhaltenen Stollenmundlöchern. Bei so viel Bergbau kommt aber auch das Rheintal nicht zu kurz. Der zweite Abschnitt der Strecke führt auf halber Hanghöhe zurück nach Kaub und bietet immer wieder einmalig schöne Ausblicke ins Tal, auf Bacharach und die Pfalzgrafenstein, die dem Rhein seit Jahrhunderten trotzt. Über eine uralte Grenze geht es im Niedertal. Noch heute treffen an dem kleinen Bach drei Grenzen aufeinander, darunter die Landesgrenze von Rheinland-Pfalz und Hessen. Mehr Informationen gibt es vom „Grenzvogt" vor Ort.

*Ein Blick wie aus den Wolken: Das Rheintal bei Kaub, gesehen vom Wanderweg zwischen Kaub und Lorchhausen.*

### Das Rheintal entsteht

Unvorstellbar alt ist das, was heute zahlreiche Häuser in Kaub ziert: Der Schiefer. Vor rund 400 Millionen Jahren entsteht er durch Sedimentablagerungen in einem flachen Meeresbecken. Erst sehr viel später kommt der Rhein ins Spiel. Vor 15 bis 20 Millionen Jahren fließt er zunächst durch eine flache Landschaft. Als sie sich zu heben beginnt, gräbt er sich allmählich sein heutiges Tal. Ein Vorgang, der noch immer andauert: Das Schiefergebirge hebt sich Jahr für Jahr und der Rhein gräbt sich pro Jahr bis zu einem Zentimeter tiefer ein.

*Linke Seite: Schiefer als Baumaterial ist in Kaub häufig zu finden: Kapelle auf dem Kauber Friedhof.*

# Rund um Kaub

***Tourdaten***

***Länge***
*ca. 14,5 km (Rundtour)*

***Gehzeit***
*ca. 4 Std.*

***Charakter***
*kurzweilige Tour, Wechsel von Wald, Wiesen, Rheinhängen, Wegen und Pfaden, viele Aussichtspunkte*

***Parken***
*kostenfrei am Rheinufer in Kaub*

***Essen & Trinken***

***Gasthof Silbergrube***
*Hof Hubertus*
*Retzbachtal*
*Tel.: 06726/716*
*Mo Ruhetag*

***Zum Turm***
*(gehobene Küche)*
*Zollstraße 50*
*56349 Kaub*
*Tel.: 06774/92200*
*www.rhein-hotel-turm.com*

***Weinstube "Uff de Bach"***
*Blücherstraße 1*
*56349 Kaub*
*Tel.: 06774/8316*
*www.uff-de-bach.de*

***Weinhaus Zur Pfalz***
*Bahnstraße 10*
*56349 Kaub*
*Tel.: 06774/258*

In Kaub am Rheinufer parken und sich zunächst Richtung Kirche halten. Von dort der Hauptstraße Richtung Weisel folgen, bis rechts ein Pfad einbiegt (Reinsteig). Dem Pfad den Hang hinauf folgen bis zur Gabelung, dort nach links abbiegen. Am Burgweg angekommen, rechts weiter bis zur **Burg Gutenfels** gehen. Vor der Burg nach links in einen Pfad, an der nächsten Kurve nach rechts abbiegen und dem Pfad folgen bis zur nächsten Gabelung. Hier den Rheinsteig verlassen und nach links abbiegen. Der Weg führt mit den Hang entlang ins Volkenbachtal hinein (rechts am Hang sind die Abraumhalden zu sehen). Am Teerweg angekommen, den Weg überqueren und gegenüber wieder Richtung Rhein gehen. Vorbei an einem schönen Aussichtspunkt führt der Weg durch den Wald bergauf. Nach ca. 1 km überquert er eine Kreuzung, an der nächsten Querstraße biegt er rechts ab. Am Waldrand

nach links abbiegen und einige Meter am Wald entlang gehen bis zur geschotterten Querstraße, wo es rechts weitergeht Richtung Rheintal. Dem geschotterten Weg folgen, vorbei am Abzweig zum **Gasthof Silbergrube**, der in einem Abstecher von ca. 5 Minuten zu erreichen ist.

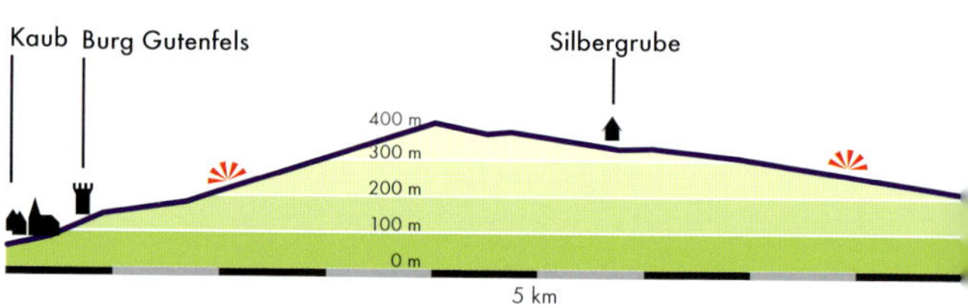


*Bild oben: Galerieartig führt der Wanderweg den Rheinhang entlang.*

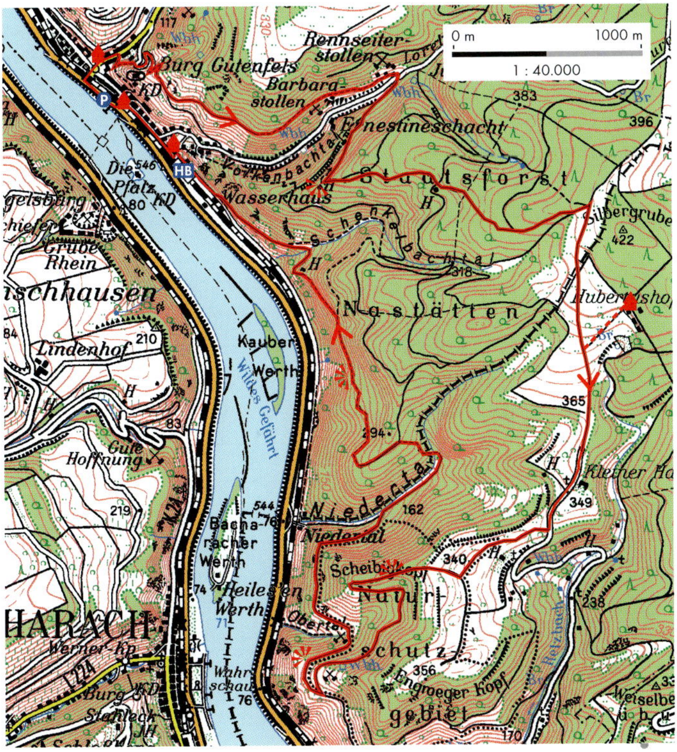


Wieder zurück auf dem Schotterweg geht es aussichtsreich weiter den Hang hinab. Etwa 500 m nach Beginn der Teerstraße nach rechts abbiegen (dem Schild „Rundwanderweg, Wanderweg zum H7" folgen). Nach wiederum ca. 500 Metern biegt vom Wiesenweg rechts ein Pfad ab, der senkrecht aufs Gebüsch zuführt. Diesem Weg folgen. In weiten Serpentinen geht es vorbei an alten Stollenmundlöchern, bis der Weg auf halber Hanghöhe auf den Rheinsteig stößt. Von hier geht es rechts weiter am Hang entlang mit herrlichem Blick auf den Rhein, auf die Pfalz und Kaub. Im **Niedertal** überschreitet man die Landesgrenze zwischen Rheinland-Pfalz und Hessen und erfährt einiges über die historische Bedeutung dieses Ortes. Von der Landesgrenze geht es einen steilen Pfad bergauf. Am Querweg nach links abbiegen. Nach wenigen Metern verwandelt sich der Weg in einen Pfad, der mit weitem Blick den Hang hinab bis nach **Kaub** führt.

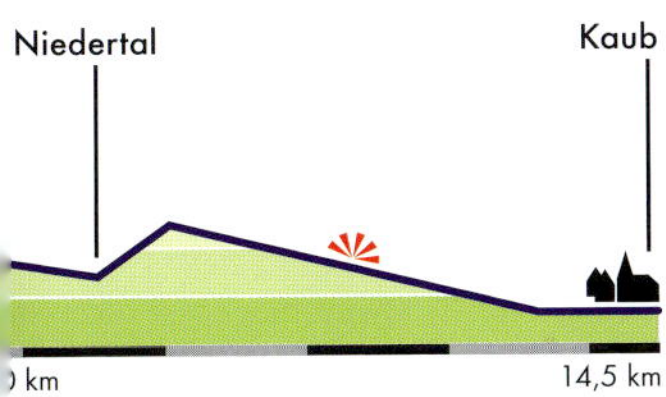

# Ein Leben unter Tage

Einer geologischen Besonderheit haben die Kauber ihr Bergbauschicksal zu verdanken: Dem Kauber Zug, der zwischen Oberwesel, Kaub und Lorch das Rheintal kreuzt. Der Kauber Zug ist einer von vier Zügen des Rheinischen Schiefergebirges, in dem die Qualität des Schiefers so gut ist, dass er als Baumaterial verwendet werden kann. Was bereits die Römer taten, wie Schieferfunde im Limeskastell Saalburg in der Nähe von Bad Homburg beweisen (> Seite 29). Der Kauber Zug beginnt im Idarwald, geht vom Rhein weiter über den Ort Sauertal und endet in Usingen.

*Noch häufig rund um Kaub zu finden sind Stollenmundlöcher, wie hier am Rand des Wanderweges.*

## Drei Zentner auf dem Rücken

In einem zeitgenössischen Bericht heißt es zum Leben eines Bergarbeiters: „Auf in Felsen eingehauenen Stufen (200 und mehr) stiegen die Bergleute in die Erde, bekamen dort eine schwere Last Steine auf den Rücken gelegt und schleppten sie dann auf Händen und Füßen die Treppe hinauf zum Tageslicht. Ältere Leute berichten, daß (...) 3 Zentner und mehr getragen wurden. Dabei waren die Stollen eng und niedrig. Auch Frauen und Kinder mußten bei diesen Arbeiten helfen. Jeder Käuler spaltet seine herausgetragenen Steine selbst; hatte er gute Steine gefunden, so verdiente er etwas. Oft genug aber kam es vor, daß ein Bergmann, nachdem er 5–6mal in die Grube gestiegen, nicht einmal eine Mark verdient hatte."

***Bergbaupfad***
*Neben Schiefer wurden auch Blei und Zink am Rhein abgebaut. Heute erinnert oberirdisch nichts mehr an den Abbau. Informieren kann man sich jedoch bei einer Wanderung entlang des **Bergbau- und Landschaftspfades**, der von Ehrental über die Höhe bis nach Wellmich führt, von wo man am Rhein zurück nach Ehrental gehen kann. Der Einstieg ist am Ortsausgang von Ehrental.*

## Vom Pickel zur Dampfmaschine

Gewonnen wird Schiefer bis ins Mittelalter ausschließlich im Tagebau. Mit Pickeln, Handsägen, Keilen und Hämmern schlagen ihn die Arbeiter terrassenförmig aus den Hängen. Tief in die Erde geht es erst, nachdem die Dampfmaschine und leistungsfähige Pumpen erfunden sind. Jetzt können unterirdische Schächte gegraben und waagrechte Stollen vorangetrieben werden. So hat die Grube Kreuzberg bei Weisel in der Nähe von Kaub eine Fördertiefe von 100 m. Was zu Tage gefördert wird, ist jedoch zum größten Teil unbrauchbar. Nur 10 bis 12% des mühsam herausgebrochenen Schiefergesteins können verwendet werden. Der Rest wandert auf die Abraumhalden oder wird zu Schiefermehl vermahlen. Im Volkenbachtal verfüllen die Abraumhalden beinahe den gesamten Talgrund.

*Schieferabraumhalden im Volkenbachtal bei Kaub.*

## Schieferabbau im Akkord

Zwar bringen die Dampfmaschinen einigen Fortschritt, doch die neugewonnene Technik hat auch ihren Preis. Die Familienbetriebe können die Kosten für die teuren Maschinen nicht aufbringen und müssen allmählich großen Kapitalgesellschaften Platz machen. Die Folge: Der bisher selbstständig arbeitende Bergmann wird zum abhängigen Lohnempfänger und rangiert in der sozialen Hierarchie bald hinter den Lotsen und Winzern. Zudem entwickeln sich durch die Technisierung langsam Spezialberufe. Die Spitzenverdiener unter Tage sind die Schießarbeiter. Nicht ohne Grund. Sie bohren Löcher für die Sprengladungen, die sie anschließend zünden. Überstehen sie alle Sprengungen heil, laufen sie immer noch Gefahr, an einer Staublunge zu erkranken. Über Tage sind die Spalter am Werk. Sie spalten den noch grubenfeuchten Schiefer in 4 bis 7 mm dicke Platten. Die letzte Form geben dem Schiefer schließlich die Zurichter, die ebenso wie ihre Kollegen im Akkord arbeiten.

*Wer den Schieferbergbau hautnah erleben will, kann in Mayen tief in die Erde abtauchen:*

**Deutsches Schieferbergwerk**
Genovevaburg
56727 Mayen
Tel.: 02651/498508
museumskasse@mayenzeit.de
www.deutsches-schieferbergwerk.de
Ganzjährig geöffnet
von 10–17 Uhr
Mo geschlossen

## Schiefer statt Stroh

Bis ins 19. Jh. wird Schiefer hauptsächlich zum Eindecken von Kirchen und Amtsgebäuden verwendet. Privathäuser werden mit Stroh gedeckt. Denn Stroh ist deutlich billiger als Schiefer und leichter zu beschaffen, hat aber einen entscheidenden Nachteil: Stroh brennt in Sekundenschnelle lichterloh. Steht es einmal in

*Sie zeugen noch heute vom einstigen Wohlstand: Bürgerhäuser in Kaub.*

*Heute nur noch eine Ruine und dem Verfall preisgegeben: Der Wilhelm Erbstollen in Kaub.*

Flammen, so brennen schnell ganze Straßenzüge nieder. Mitte des 18. Jahrhunderts werden deshalb erste Feuerverordnungen erlassen. Eine Maßnahme, die für die Bergleute viel Arbeit und gute Zeiten bedeutet. 1828 gibt es in Kaub lediglich 28 Gruben, nur 30 Jahre später sind es 360, in denen rund 900 Bergleute beschäftigt sind.

### Am Ende unrentabel

Dem Boom jedoch folgt unaufhaltsam der Niedergang. Nach einem kurzfristigen Aufschwung nach dem Ende des Zweiten Weltkrieges, als für den Wiederaufbau erneut viel Schiefer gebraucht wurde, geht es bergab. Denn trotz moderner Maschinen wird der rheinische Schieferabbau zunehmend unrentabel. Immer häufiger ersetzt man Schiefer durch andere Materialien wie Asbest. Ende der 60er Jahre beträgt der Anteil der schiefergedeckten Häuser nur noch 3%, vor dem 2. Weltkrieg waren es 50%. 1972 ist es schließlich soweit: In Kaub wird der Schieferbergbau eingestellt, die Gruben stillgelegt. Nur in Bacharach, neben Kaub und Oberwesel ein weiteres Zentrum des mittelrheinischen Schieferabbaus, wird weiter gearbeitet. In der "Grube Rhein", schräg gegenüber von Kaub, wird bis heute im Tagebau Schiefer abgebaut. Verarbeitet wird er jedoch nicht zu Dachschiefer, sondern überwiegend zu Mehl und Splitt.

*Die ehemalige Dachschiefergrube "Wilhelm Erbstollen", die sich zu Beginn des 19. Jhs. aus 14 Gruben bildete. Links der mittelalterliche "Dicke Turm", dahinter die Spalthalle und das Stollen- und Zechenhaus, rechts das mehrgeschossige Schiefermahlwerk, wo Schieferabfälle weiterverarbeitet wurden.*

# Einen Abstecher wert:

## Ein Schiff aus Stein

Auf reichlich Ärger stößt 1326 der Bau der Pfalzgrafenstein, heute kurz Pfalz genannt. Mitten in den Rhein hat Ludwig der Baier einen Turm gestellt, natürlich der Zölle wegen. Damit aber kommt er den Erzbischöfen von Mainz, Trier und Köln in die Quere, die unter anderem in Koblenz und Bingen die Hand aufhalten. Sogar Papst Johannes XXII. mischt sich ein. Er will den Turm zerstören lassen, was Ludwig zu weiteren Baumaßnahmen treibt. 1340 lässt er die sechseckige Ringmauer errichten, die 12 Meter hoch ist und von einem überdachten Wehrgang gekrönt ist. Erst 1607 wird sie auf die heutige Höhe von 25 Meter ausgebaut. Zu erreichen ist die Pfalz mit einem Boot von Kaub aus.

*Verkehrsamt Kaub*
*Metzgergasse 26*
*56349 Kaub*
*Tel.: 06774/222*
*stadt.kaub@t-online.de*
*www.stadt-kaub.de*

## Zu Fuß über den Rhein

Gute Dienste hat die Pfalz auch einem anderen geleistet. 1814 errichtet Blücher vor der Burg eine Schiffsbrücke, die er mit 60.000 Soldaten, 20.000 Pferden und 220 Geschützen überquert, um Napoleon zu verfolgen. Wer mehr über den historischen Rheinübergang wissen will, wird im Blüchermuseum fündig, das im ehemaligen Hauptquartier untergebracht ist. Wer Blücher in seiner Felduniform sehen will, wie er seinen Soldaten den Weg weist, findet ihn am Rheinufer von Kaub. Das Denkmal des Feldherrn wurde 1894 enthüllt.

## Vom Wehrgang zum Spaziergang

Der ehemalige Wehrgang der Kauber Stadtmauer hat die Jahrhunderte weitgehend heil überstanden und führt noch heute an den Reihen der Häuser entlang. Bei Hochwasser sorgt er für trockene Füße. Und bei schönem Wetter für einen gemütlichen Spaziergang mit schönen Ausblicken auf Rhein und Pfalz.

*Blüchermuseum*
*Metzgergasse 6*
*56349 Kaub*
*Tel.: 06774/400 od. 222*
*Sommerzeit: 11 - 16 Uhr*
*Winterzeit: 14 - 17 Uhr*
*Mo geschlossen*

*Von Lorch nach Rüdesheim und rund um Boppard*

# Auf Oechsle-Tour

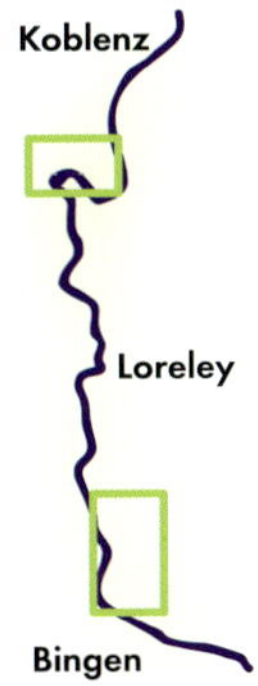


**Ob ihn nun die Römer an den Rhein brachten oder nicht – der Wein gehört zum Mittelrhein einfach dazu. Und das schon seit Jahrtausenden. Sein heutiges Aussehen hat das Tal vor allem dem Weinbau zu verdanken. Wie er sich entwickelt hat, ist gleich auf zwei Touren zu entdecken: Von Lorch nach Rüdesheim und rund um Boppard.**

Eine wechselvolle Geschichte hat das Weinanbaugebiet Mittelrhein hinter sich, das heute zu den kleinsten Weinanbaugebieten Deutschlands zählt, jedoch den größten Anteil an Steil- und Steilstlagen besitzt. Auf der Mittelrhein-Weintour kann man sich von den harten Arbeitsbedingungen in den Weinbergen überzeugen. Es geht galerieartig durch die berühmteste Lage des Mittelrheins, den Bopparder Hamm, durch schattige Buchenwälder und auf alpinem Pfad zurück nach Boppard. Ins Weinanbaugebiet Rheingau führt die zweite Weintour. Sie startet in Lorch, wo ebenso wie im Bopparder Hamm ein Weinlehrpfad auf Weininteressierte wartet. Wie die einstigen Kleinstterrassen aussahen, kann man kurz vor Rüdesheim entdecken, bevor es über das Niederwalddenkmal – zu Fuß oder mit der Seilbahn – hinab nach Rüdesheim geht.

*Blick vom Wanderweg auf die Lorcher Weinberge und auf das Große Lorcher Werth.*

### Ein Tal wächst zu

Der zunehmende Rückgang der Weinbergsflächen hat Folgen: Die Hänge verbuschen, die Terrassen verfallen und der Lebensraum vieler Tierarten verschwindet. Abhilfe schaffen sollen eine Fülle von Maßnahmen: Burenziegen und Exmoorponys knabbern mittlerweile am Gebüsch, engagierte Winzer bebauen alte, brachliegende Flächen neu, neue Streuobstwiesen entstehen, selbst so brachiale Maßnahmen wie kontrolliertes Abbrennen und Panzerketten kommen zum Einsatz. Nähere Infos gibt es unter: www.ee-mittelrhein.de.

*Linke Seite:*
*Blick vom Gedeonseck auf eine der bekanntesten Lagen des Mittelrheins, den Bopparder Hamm, der an der größten Schleife des Rheins liegt.*

# Von Lorch nach Rüdesheim

***Tourdaten***

***Länge***
*ca. 19 km (Streckenwanderung)*

***Gehzeit***
*ca. 5 ½ Std.*

***Charakter***
*aussichtsreiche Tour durch Weinberge, Täler und Wälder, überwiegend geschotterte Wald- und Weinbergswege, schöner Pfad am Rheinhang entlang*

***Parken***
*Kostenfrei am Rheinufer in Lorch*

***Essen & Trinken***

***Weinwirtschaft Laquai***
*Schwalbacher Straße 20*
*65391 Lorch*
*Tel.: 06726/839213*
*weingut.laquai@t-online.de*
*www.weingut-laquai.de*
*Mo u. Di Ruhetag*

***Hotel Krone***
*(5-Sterne-Hotel)*
*Rheinuferstraße 10*
*63385 Assmannshausen*
*Tel.: 06722/4030*
*info@hotel-krone.com*
*www.hotel-krone.com*

***Weinhaus Fendel***
*Marienthaler Straße 46*
*65385 Rüdesheim*
*Tel.: 06722/2555*
*Mo Ruhetag*

***Straußwirtschaft Weingut Christ***
*Grabenstraße 17*
*65385 Rüdesheim*
*Tel.: 06722 /2572*

Los geht es in **Lorch**. Zunächst Richtung Bahnhof halten und direkt gegenüber vom Bahnhofsgebäude links den Hang hoch gehen (H7 folgen). Der Weg ist als **Weinlehrpfad** ausgeschildert und bietet interessante Informationen zum Thema Wein. Am Bächergrund angekommen, an der Teerstraße nach links und gleich den nächsten Weg nach rechts abbiegen. Es geht weiter bis zu einer Weggabelung, wo die Route nach links abbiegt und den Weinlehrpfad verlässt. Der Weg führt weiter durch die Weinberge den Hang entlang. An der nächsten Möglichkeit scharf nach links abbiegen, steil den Hang hoch gehen und in den Schotterweg nach rechts abbiegen. Dem Weg bis zum Waldrand folgen, wo es nach rechts weitergeht (dem Rheinsteig folgen). An der nächsten Gabelung links halten und das Rheintal verlassen. An der ersten Abzweigung nach rechts abbiegen. Es geht im Talgrund an einem Teich vorbei und nach rechts wieder bergauf Richtung Rhein. Nach einer Linkskurve führt die Route rechts den Felsweg hoch (beim Schild „Bannwald", Rheinsteig folgen). Über den **Teufelskadrich** geht es nun hoch oben am Hang entlang. Nach einem wunderschönen Aussichtspunkt verlässt der Weg den Rheinhang. An der nächsten Abzweigung nach rechts ins Speisbachtal abbiegen (weiter dem Rheinsteig folgen). Es geht zunächst durch Wald, dann über eine Wiese. Kurz nach der Wiese biegt rechts ein Pfad ab. Diesem Pfad folgen bis zu den Assmannshäuser Weinbergen. An der Teerstraße angekommen, geht es rechts die Weinberge hinab und in der nächsten Kurve links Richtung Assmannshausen. Nach einer schar-

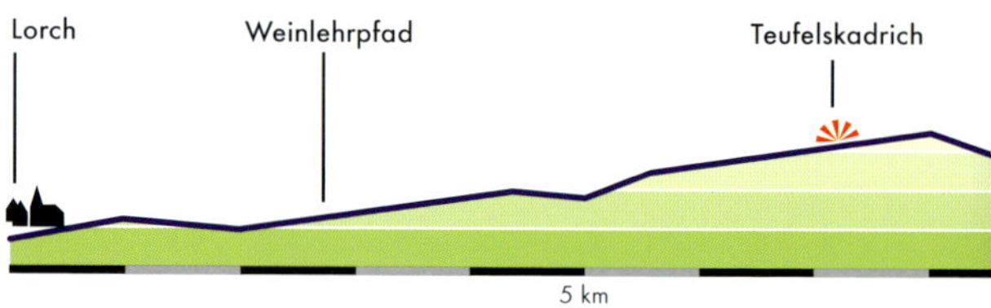

fen Rechtskurve den nächsten Weg nach links abbiegen. Kurz vor dem Talgrund führt rechts eine Treppe hinab nach

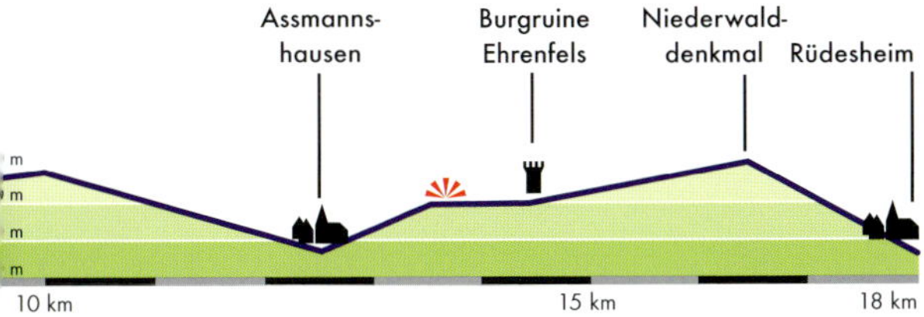

*Blick durch die Weinberge auf die Pfarrkirche St. Martin in Lorch.*

**Assmannshausen** (bis hierher Rheinsteig folgen). Im Ort geht es die Straße hinab bis zum Ende der Kirche. Gegenüber führt zwischen den Häusern eine Treppe hoch (H7) bis in die Weinberge. An der kleinen Teerstraße angekommen, geht es rechts weiter Richtung Rüdesheim. Der Weg führt bald galerieartig den Hang entlang, zunächst durch bewirtschaftete Weinberge, dann durch brachliegende, zum Teil entbuschte Terrassen, die zeigen, wie die Weinberge vor der Flurbereinigung aussahen. Nach ca. 2 km liegt rechts die **Burgruine Ehrenfels**, die nur von außen zu besichtigen ist. An den nächsten drei Weggabelungen links halten, bis zu einer Kreuzung mit zahlreichen Wegweisern. Hier dem Schild „Fußweg zum Niederwalddenkmal" schräg links in den Wald folgen. Nach wenigen Metern nach rechts abbiegen und weiter bergauf durch den Wald bis zu einer großen Querstraße. Hier ganz rechts abbiegen. Am **Niederwalddenkmal** geht es unterhalb des Denkmals weiter (hier wieder dem Rheinsteig folgen) bis zum Restaurant, dort rechts die Treppen hinab nehmen und am „Rebenhaus" links am Gebäude vorbei Richtung Rüdesheim halten. Der Weg führt in die Weinberge bis zur nächsten Teerstraße, dort nach links und gleich darauf wieder nach rechts in einen Pfad abbiegen. Das gleiche an der nächsten und übernächsten Teerstraße: Beide Male nach links abbiegen und gleich darauf wieder rechts in einen Pfad einbiegen. Wer genug vom Laufen hat, kann sich ins Tal schaukeln lassen. Vom Niederwalddenkmal führt eine kleine Sesselbahn nach Rüdesheim. In **Rüdesheim** angekommen, geht es sowohl von der Fußroute als auch von der Sesselbahnstation rechts Richtung Bahnhof.

***Rückfahrt per Bahn:***

*letzte Abfahrt von Rüdesheim nach Lorch 21.44 Uhr (So. 22.44 Uhr) Abfahrt ca. jede volle Stunde Fahrplan unter: www.deutschebahn.de*

*Viel höher geht es nicht: Vom Teufelskadrich bietet sich ein grandioser Blick über das Rheintal Richtung Lorch und Bacharach.*

# Rund um den Bopparder Hamm

Die zweite „Weintour" startet in **Boppard**. Wer auf dem Parkplatz P2 parkt, für den führt die Tour an der Uferpromenade von Boppard entlang Richtung Koblenz. Ca. 400 m nach dem Ortsausgang links unter der Bahn hindurch in die Weinberge abbiegen und die Treppen hoch gehen. An der Straße nach rechts abbiegen, an der ersten Weggabelung links halten, an der nächsten Gabelung den rechten Weg ins Seitental hinab nehmen. An der Querstraße angekommen, nach links und nach wenigen Metern nach rechts abbiegen (dem Weinwanderweg folgen). Es geht nun aus dem Tal wieder hinaus Richtung

***Tourdaten:***

***Länge***
*ca. 16 km (Rundtour)*

***Gehzeit***
*ca. 4 ½ Std.*

***Charakter***
*tolle Ausblicke auf die Rheinschleife, überwiegend feste Wege, alpiner Abstieg vom Gedeonseck nach Boppard (Alternative Seilbahn)*

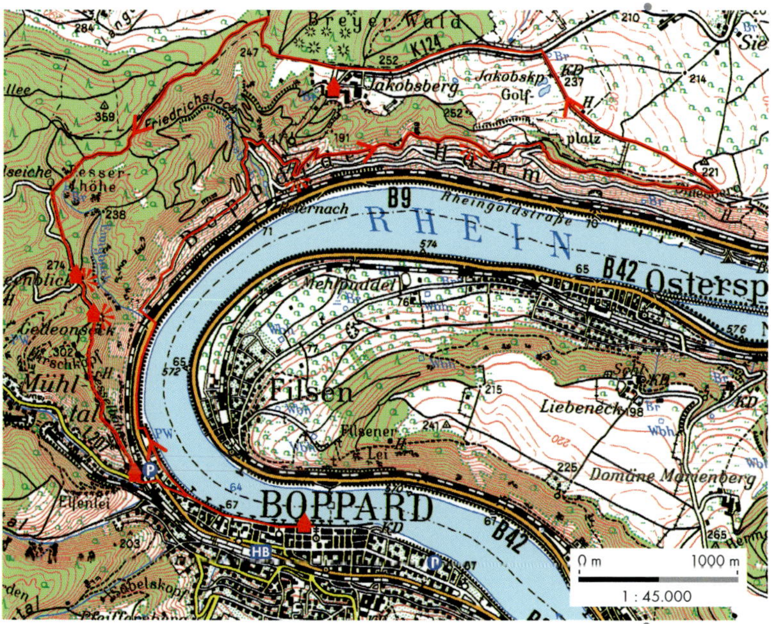


Rhein. Am Aussichtspunkt „Am Mandelstein" angekommen, scharf nach links abbiegen. Der Weg führt wieder ein Stück vom Rhein weg. An der nächsten Querstraße nach rechts abbiegen bis zu einem größeren Platz, von dem es weiter geradeaus am Hang entlang geht. (Wer noch ein paar Weininfos mitnehmen will, geht am Aussichtshäuschen „Am Mandelstein" den unteren linken Weg, der am Hang entlang führt, hält sich an der Gabelung links, bis der Weg auf den oberen Hangweg stößt. Schöner ist jedoch der obere Weg, außerdem ist er geschottert statt geteert). Der obere Hangweg führt jetzt eine

***Parken***
*von Koblenz kommend direkt nach der Tankstelle rechts, oder - ebenfalls kostenfrei - auf dem Parkplatz P5 direkt am Rheinufer*

***Essen & Trinken***
*> Seite 20*

ganze Weile galerieartig – mit wunderbarer Aussicht auf die große Rheinschleife – am **Bopparder Hamm** entlang und mündet schließlich auf eine Teerstraße. Der ein Stück folgen und in der Haarnadelkurve weiter geradeaus wieder auf einen Schotterweg abbiegen. Es geht weiter am Hang entlang, bis der Weg vom Rhein weg auf die Höhe führt. Nach einer Weile biegen alle ausgeschilderten Wanderwege nach rechts ab, die Weintour führt geradeaus weiter bis auf den wenige Meter weiter verlaufenden Querweg. Dort nach links Richtung **Jakobsberg** abbiegen. Über einen Wiesenweg geht es nun über die Höhe, teilweise mit Blick auf die Marksburg, vorbei an der Jakobskapelle und dem Golfplatz des Jakobsberges. An der Teerstraße nach links abbiegen, vorbei am Hotel Jakobsberg und weiter in den Wald, der Beschilderung Boppard, Vierseenblick und dem Rheinburgenweg folgen. Nach ca. 2 km biegt links ein Pfad ab mit der

***Weinfrühling***

*Der Bopparder Hamm ist die größte zusammenhängende Steillage am Mittelrhein. Seine Länge beträgt 6 km. Auf seinen 75 ha Rebfläche werden jährlich rund 500.000 l Wein erzeugt. Probieren kann man die Weine einmal im Jahr direkt vor Ort: Am letzten Sonntag im April lädt der „Mittelrheinische Weinfrühling" zur Weinwanderung durch den Bopparder Hamm ein, vorbei an zahlreichen Weinständen, wo es neben Wein auch einige Leckerbissen aus der Region gibt.*

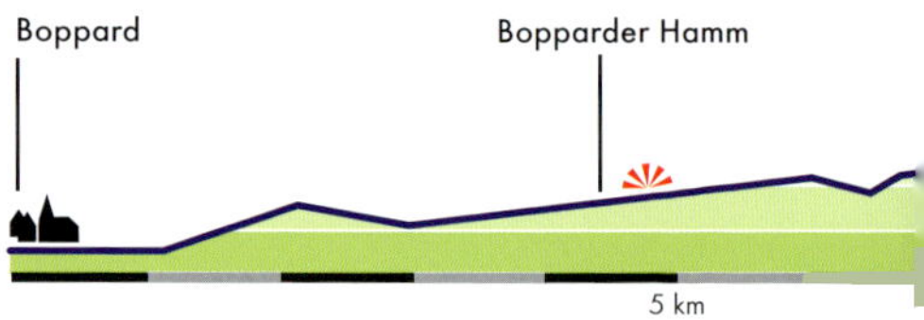

Wegmarkierung "37". Diesem Pfad folgen, der nach einem kurzen steilen Abstieg wieder auf den Hauptweg stößt. Hier links halten bis zur Engelseiche. Dort in den Pfad Richtung „Mühltalblick" abbiegen. Wieder auf dem Hauptweg, geht es links weiter zum **Vierseenblick**. Hier bietet sich ein wunderschöner Ausblick auf den Rhein, der durch die zum Teil den Blick verstellenden Höhenzüge scheinbar in vier „Seen" unterteilt wird. Vom Vierseenblick führt der Weg die Teerstraße entlang weiter bis zum **Gedeonseck**. Vom Gedeonseck hat man nun die Wahl, ob man sich mit dem Sessellift ins Tal schaukeln lässt oder den alpinen Abstieg wählt, der gleich hinter dem Garten des Gedeonsecks ins Tal führt. Zur Seilbahnstation gelangt man vom Gedeonseck links über die Teerstraße. Im Tal angekommen, links Richtung Rheintal halten und an der Uferpromenade von **Boppard** nach rechts Richtung Stadt abbiegen.

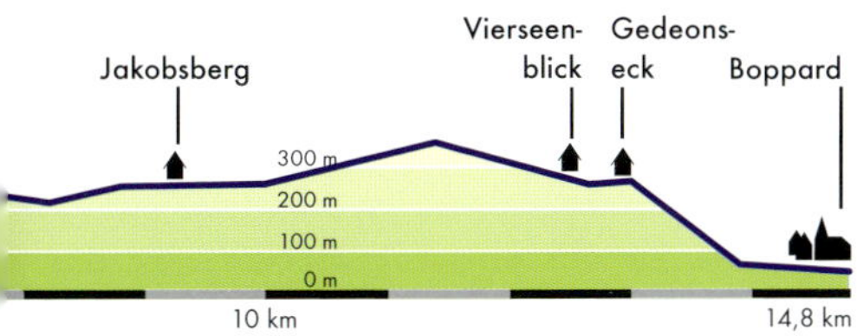


*Vom Gedeonseck bietet sich ein fantastischer Ausblick auf die große Rheinschleife. Links erstreckt sich der Bopparder Hamm, auf der anderen Rheinseite liegt Filsen mit seinen Obstwiesen und rechts ist Boppard zu sehen.*

# Wein, Weib und ... harte Arbeit

*Viel passiert ist über die Jahrhunderte bei der Weiterverarbeitung der Trauben. Sie erfolgt heute mit modernsten Geräten. Die schonende Verarbeitung fängt bereits beim Transport in die Presse an.*

Brachten die Römer nun den Wein an den Rhein oder nicht? Trotz aller gegenteiliger Behauptungen: Man weiß es nicht. Selbst ob sie sich Rheinwein schmecken ließen, ist nicht erwiesen. Denn Kaiser Domitian verbietet 90 n.Chr., in den Provinzen außerhalb Italiens Wein anzubauen. Ob sich daran allerdings gehalten wird, darf bezweifelt werden. Urkundlich abgesichert ist der Weinanbau im Mittelrheintal erst seit 643. In einer Königsurkunde wird bestätigt, dass Bischof Kunibert Weinberge in Boppard gehören.

### Der Wein gerät in Schieflage

Angefangen hat alles im Tal. Die ersten Rebstöcke wachsen direkt in Ufernähe, in sogenannten Weingärten. Erst um 1150 kommt man auf die Idee, den Weinanbau in die Hänge zu verlegen. Die zum Teil winzigen und meist sehr steilen Terrassen erschweren zwar die Arbeit, doch das Ergebnis ist der Mühe wert. Bis heute profitiert der Wein von der Hanglage: Der Sonneneinfall ist durch die Hangneigung besser, das Rheinwasser reflektiert das Licht, der Schieferboden speichert die Wärme und in der Nacht gleitet die warme Luft über die Hänge hinab ins Tal.

### Heiß und würzig

Auch wenn er nicht mit unserem heutigen Wein zu vergleichen ist, besser als Wasser ist er allemal. Kein Wunder also, dass Wein im Mittelalter allmählich zum Natio-

*Idyllisch, aber mit Maschinen nicht zu bearbeiten: Kleinteilige Weinbergparzellen am Fuße der Loreley. Die Steilhänge müssen ausschließlich in Handarbeit bewirtschaftet werden und benötigen pro Hektar einen Arbeitseinsatz von ca. 2000 Stunden.*

nalgetränk wird. Schon zum Frühstück reicht man Wein – sofern man es sich leisten kann. Bis zu einem Liter soll der Pro-Kopf-Verbrauch pro Tag betragen haben. Damit das zum Teil wohl ziemlich saure Gebräu aber überhaupt zu genießen ist, „verfeinert" man es mit allem, was heutigen Weinliebhabern eine Gänsehaut verursacht. Zum Harmlosesten gehört noch Honig. Daneben gibt man Kräuter, Beeren und Gewürze wie Wermut, Alant, Salbei und Minze dazu. Zum Schluss erwärmt man ihn und trinkt ihn als Glühwein. Was man möglichst häufig tun sollte. Denn schon damals sprechen die Ärzte dem Wein eine gesundheitsfördernde Wirkung zu. Sie empfehlen einen zweimaligen Rausch pro Monat.

*Unverändert über die Jahrhunderte: Die Weinlese in den Steillagen des Mittelrheintals ist bis heute harte Handarbeit geblieben.*

## Alle Welt trinkt "Bacharacher"

Von der allgemeinen Trinkfreudigkeit leben besonders die Bacharacher gut. Wegen der gefährlichen Klippen am Binger Loch müssen größere Schiffe in Bingen entladen und die Weine auf dem Landweg nach Bacharach weiter transportiert werden. Dort hat sich ein bedeutender Umschlagplatz entwickelt. Sämtliche Weine, die hier wieder auf Schiffe verladen werden, gelangen als "Bacharacher" bis nach England und Skandinavien.

## Kaffee, Kakao und Kriege

Gegen Ende des 16. Jahrhunderts brechen andere Zeiten an. Mit dem Weinanbau geht es erstmals bergab. Zum einen, weil die Konkurrenz zu groß geworden ist. Man trinkt nun Bier, Kaffee, Tee oder Kakao. Aber es gibt noch dramatischere Gründe: Durch den Dreißigjährigen

*Arbeitserleichterung dank Flurbereinigung: Die großflächigen Weinbergslagen, wie hier in der Lorcher Lage Bodental-Steinberg, ermöglichen den Einsatz von speziellen Traktoren, die die Bodenbearbeitung, den Pflanzenschutz und die Laubarbeiten erheblich vereinfachen. Dank Maschinen reduziert sich der Arbeitseinsatz auf rund 600 bis 800 Arbeitsstunden pro Hektar.*

Krieg fehlt es an Arbeitskräften. Auch die überhöhten Zölle tragen zum Niedergang bei, denn der Rhein wird als Transportweg zunehmend uninteressant. Und schließlich werden im Pfälzischen Erbfolgekrieg nicht nur die Burgen, sondern auch die Weinberge verwüstet.

### Rheingau und Mittelrhein in Zahlen

Der weitaus größte Teil der Weinberge im Welterbe gehört zu zwei Weinanbaugebieten: Dem Mittelrhein und dem Rheingau. Während im Rheingau die Rebfläche heute rund 3000 ha beträgt, die von 500 hauptberuflichen Winzern bewirtschaftet wird, ist die Rebfläche im Mittelrhein auf rund 500 ha zurückgegangen. Bewirtschaftet wird sie von 100 Haupterwerbsbetrieben. In beiden Weinanbaugebieten dominiert die „Königin der Weißweintrauben", die Rieslingtraube mit ca. 75 %.

### Aus den Weinbergen in die Fabrik

Nach einem Hoch während des 19. Jahrhunderts – verursacht durch die romantische Rheinbegeisterung – geht es bald weiter bergab. Zahlreiche Rebschädlinge, wie die aus Amerika eingeschleppte Reblaus, führen zeitweise zum Totalausfall der Ernte. Neu entstandene Fabriken versprechen bessere Arbeitsbedingungen als in den steilen Hängen. Verbesserte Transportwege bringen billige ausländische Weine ins Land. Mehr und mehr Winzer geben ihren Beruf auf oder betreiben ihn nur noch am Feierabend. Allein zwischen 1906 und 1961 beträgt der Flächenrückgang im Weinanbaugebiet Mittelrhein rechtsrheinisch 52 % und linksrheinisch 33 %.

*Lange aufgegebene und inzwischen entbuschte Weinberge zwischen Assmannshausen und Rüdesheim, oberhalb von Burg Ehrenfels.*

### Großspurig statt kleinteilig

Ende der 1960er Jahre handelt man. Um die Arbeitsbedingungen in den Steillagen zu verbessern und damit die Produktionskosten zu senken, wird mit der Flurbereinigung begonnen. Die im Laufe der Jahrhunderte durch Erbteilung immer kleiner gewordenen Parzellen werden zusammengelegt, neue Stützmauern gezogen und Fußpfade zu Wegen ausgebaut. 92% der bewirtschafteten Weinbergsflächen sind heute flurbereinigt.

### Wald statt Reben

Außerhalb der flurbereinigten Flächen wird heute kaum noch Weinbau betrieben. Viele der ehemaligen Weinberge sind kaum noch zu erkennen, denn stillgelegte Flächen verbuschen schnell und verwandeln sich langfristig in Wald. Mit weitreichenden Folgen nicht nur für das Landschaftsbild. Auch Tiere und Pflanzen müssen sich auf andere Lebensbedingungen einstellen. Und besonders wärmeliebenden, auf offene Flächen angewiesene Tier- und Pflanzenarten geht der Lebensraum verloren.

### Verspätung mit Folgen

Ganz anders verläuft die Entwicklung im benachbarten Rheingau, dem Weinliebhaber eine folgenschwere Entdeckung zu verdanken haben. 1775 verspätet sich der von Schloss Johannisberg ausgesandte Bote, der vom Fürstbischof von Fulda die Leseerlaubnis einholen soll. Als der Reiter nach 14 Tagen endlich zurückkehrt, hängen die Trauben verfault auf dem Stock. Der Pilz Botrytis cinerea hat ganze Arbeit geleistet. Doch was zunächst aussieht wie eine Katastrophe, stellt sich als ein Segen heraus. Denn der Pilz hat die Traubenhaut porös werden lassen, wodurch das Wasser verdunstet und der Zuckergehalt gestiegen ist. Die Spätlese ist geboren. Auch die Qualitätsstufe Kabinett hat ihren Ursprung im Rheingau. "Cabinett" hieß der Keller im Kloster Eberbach, in dem die Weine für die großherzogliche Regierung gelagert wurden.

*Auf Schloss Johannisberg ist er heute noch unterwegs: Der Spätlesereiter.*

### Gramm für Gramm

Gemessen werden die einzelnen Qualitätsstufen in Oechsle. 1845 erfindet Ferdinand Oechsle eine Mostwaage, die es erstmals ermöglicht, den Zuckergehalt im Wein zu bestimmen. Die Oechsle-Grade geben an, wie viel Gramm ein Liter Most mehr wiegt als ein Liter Wasser. Sind es beispielsweise 75 g mehr, so hat der Wein 75 Grad Oechsle. Von diesem Mostgewicht ausgehend, ist der Wein in verschiedene Qualitätsstufen eingeteilt. Das Mindestmostgewicht, das ein Wein braucht, um einer bestimmten Qualität zugeordnet zu werden, ist jedoch bundesweit nicht einheitlich, sondern vom Weinanbaugebiet und der jeweiligen Traubensorte abhängig.

*Erst probieren, dann kaufen. Viele Weingüter bieten diese Möglichkeit in einem Gutsausschank an, wie das Weingut Laquai in Lorch.*

***Museen zum Thema:***

***Weinbaumuseum Brömserburg***
*Rheinstraße 2*
*65385 Rüdesheim*
*Tel.: 06722/2348*
*www.rheingauer-weinmuseum.de*
*Geöffnet Mitte März bis Ende Oktober, täglich 9–18 Uhr, letzter Einlass 17.15 Uhr*

***Asbach-Besuchercenter***
*Ingelheimer Straße 4*
*65385 Rüdesheim*
*Tel.: 06722/497345*

# Weingüter in der Region

## Mittelrhein-Weingüter

**Weingut Didinger**
Rheinuferstraße 13
56340 Osterspai
Tel.: 02627/512
Gutsausschank

**Weingut Sonnenhang**
56348 Dörscheid
Tel.: 06774/1548

**Weingut Matthias Müller**
Mainzer Straße 45
56322 Spay
Tel.: 02628/8741

**Weingut Perll**
Oberstraße 77–81
56154 Boppard
Tel.: 06742/3906

**Weingut Toni Jost**
Oberstraße 14
55422 Bacharach
Tel.: 06743/1216

**Wein- und Sektgut Goswin Lambrich**
Auf der Kripp 3
55430 Oberwesel-Dellhofen
Tel.: 06744/8066
www.weingut-lambrich.de
Gutsausschank

**Weingut Toni Lorenz**
Ablassgasse 4
56154 Boppard
Tel: 06742/3511
www.lorenz-weine.de

## Rheingau-Weingüter

**Weingut Laquai**
Park Wispertal 2
65391 Lorch
Tel.: 06726/830838
www.weingut-laquai.de
Gutsausschank

**Weingut Robert König**
Landhaus Kenner
65385 Assmannshausen
Tel.: 06722/1064

**Weingut Georg Breuer**
Grabenstraße 8
65385 Rüdesheim
Tel.: 06722/1027
www.georg-breuer.com
Vinothek

**Weingut Hanka**
Grund 41
65366 Johannisberg
Tel.: 06722/8879
www.weingut-hanka.de
Gutsausschank

**Weingut Peter Jakob Kühn**
Mühlstraße 70
65375 Oestrich
Tel.: 06723/2299
www.weingutpjkuehn.de
Straußwirtschaft

# Einen Abstecher wert:

## Gut geschnitzt

Einen Schatz birgt die katholische Pfarrkirche St. Martin in Lorch: Den Hochaltar. Für das 1483 entstandene Kunstwerk griff der Lorcher Adel tief in die Tasche. Heute besitzt der Altar als größter ungefasster Schnitzaltar eine herausragende Position in der deutschen Kunstgeschichte.

## Gut gewählt

Auf der Flucht vor den Preußen trifft der Dichter Ferdinand Freiligrath 1844 in Assmannshausen ein, wo er in der „Krone" Quartier bezieht. Im gleichen Jahr vollendet er hier seine Gedichtsammlung „Ein Glaubensbekenntnis", woraufhin sich die Krone zu einem Zentrum der Dichter und Künstler am Mittelrhein entwickelt. Das von ihm benutzte Zimmer des 5-Sterne-Hotels ist heute Freiligrath-Museum.

## Gut geschützt

Wer von der Landseite kommt, hat schlechte Karten. Eine fast fünf Meter starke Schildmauer, flankiert von zwei Türmen, hält die Angreifer von Burg Ehrenfels fern. Versuche, sie einzunehmen, dürfte es genug gegeben haben, denn von hier und vom Binger Mäuseturm aus kontrolliert der Mainzer Erzbischof das für Zölle lukrative Binger Loch. 1689 von den Franzosen zerstört, wird sie eine von den Romantikern heißgeliebte Ruine. (> Foto Seite 116, 3.v.l.)

## Gut gebaut

Ein schöner Aussichtspunkt mit einer recht groß geratenen Statue ist sie heute; ein Symbol für die Einigung des Reiches ist sie 1883, als sie siegreich aus einem Wettbewerb hervorgeht: Die Germania. Gewonnen hat ihn der Dresdner Johann Schilling. Den monumentalen Sockel krönt er mit einer 10,5 m hohen und 32t schweren Figur, die noch heute die Kaiserkrone in den Himmel hebt und gen Frankreich blickt.

**Rüdesheim Tourist Center**
*Geisenheimer Straße 22*
*65385 Rüdesheim*
*Tel.: 06722/19433*
*touristinfo@t-online.de*
*www.ruedesheim.de*

**Verkehrsamt Lorch**
*Rathaus*
*65391 Lorch am Rhein*
*Tel.: 06726/1815*
*info@lorch-rhein.de*
*www.stadt-lorch-rheingau.de*

*Monumental erinnert das Niederwalddenkmal an den deutsch-französischen Krieg von 1870/71.*

*Von Schloss Johannisberg nach Schloss Vollrads*

# Von Schloss zu Schloss

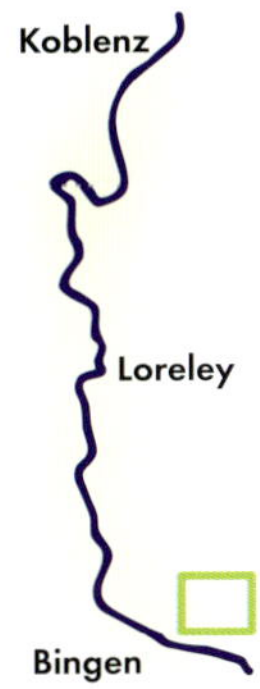


**Statt Burgen gediegene Schlösser. Statt enger Schluchten weite Hügel, statt Kirchen reiche Klöster, statt steiler Pfade gemütliche Wanderwege. Willkommen im Rheingau. Durch eine parkähnliche Landschaft geht es von Schloss Johannisberg zu Schloss Vollrads, zwei Spitzenweingütern mit einer langen Tradition.**

Nicht umsonst fühlte sich Italienfan Goethe im Rheingau so wohl. Wer südländischen Flair sucht, ist hier richtig. Gut leben lässt es sich hier bereits im Mittelalter, was die Menschen natürlich dem Wein zu verdanken haben. Erzbischof Bardo ist im 11. Jh. der Ertrag aus den Weinbergen so wertvoll, dass er auf Frondienste verzichtet. Auch Schloss Johannisberg verdankt seinen weltweiten Ruf dem Wein. Seit 817 wird auf dem Johannisberg Wein angebaut. Seit 1720 gedeiht hier der weltbekannte "Johannisberger Riesling". Probieren kann man ihn in der Gutsschänke des Schlosses. Vielleicht aber erst am Ende der Tour, denn zunächst geht es über Schloss Vollrads, das zu den größten Weingütern des Rheingaus zählt, im weiten Bogen durch die Weinberge über den Ort Johannisberg zurück zum Schloss.

*Bis nach Mainz und Wiesbaden reicht an schönen Tagen der Blick, den man vom Johannisberg aus genießt.*

## Hinter der Hecke

Seine guten Zeiten hat der Rheingau vor allem einer einmaligen Verteidigung zu verdanken: Einer Hecke. Im 13. Jh. legen die Rheingauer das Rheingauer Gebück an, ein ca. 50 Schritt breites, undurchdringliches Geflecht aus Hainbuchen, deren Äste „gebückt" und in der Erde befestigt werden. Bis ins 17. Jh. schützt die „grüne Mauer" den Rheingau von der Landseite her, dann wird sie nicht mehr gebraucht. Die Bäume werden gefällt und die 16 Bollwerke abgetragen. Einzig die Mapper Schanze hat überlebt.

*Linke Seite: Eindrucksvoll ragt der Wohnturm von Schloss Vollrads aus dem Schlossteich.*

# Rund um den Johannisberg

***Tourdaten***

***Länge***
*ca. 10 km (Rundtour)*

***Gehzeit***
*ca. 2 ½ Std.*

***Charakter***
*leichte Tour mit wenigen Höhenmetern, überwiegend Teer- und Feldwege, wenig Wald, viel Weinberge*

***Parken***
*Kostenfrei in der Auffahrt zum Schloss Johannisberg*

***Essen & Trinken***

***Schloss Vollrads***
*65375 Oestrich-Winkel*
*Tel.: 06723/5270*
*info@schloss-vollrads.com*
*www.schloss-vollrads.com*

***Schloss Johannisberg***
*65366 Johannisberg*
*Gutsschänke*
*Tel.: 06722/96090*
*restaurant@schloss-johannisberg.de*
*www.schloss-johannisberg.de*

***Gutsschänke Goldatzel***
*Hansenbergallee 1a*
*65366 Johannisberg*
*Tel.: 06722/50537*
*goldatzel@otelo-online.de*
*www.goldatzel.de*

Los geht's am **Schloss Johannisberg**. Vor dem Eingangstor nach links abbiegen und dem kleinen Teerweg am Schlosspark vorbei folgen bis hinab in die Weinberge (H7). Am Heiligenhäuschen nach links abbiegen und weiter bis zur K631. Dort nach rechts und nach ca. 100 m nach links abbiegen (den rechten der beiden Wege nehmen). Von hier führt der Weg durch Weinberge hinab in ein kleines Tal. Dort die Straße überqueren und dem Hauptweg (H7) folgen bis zum **Schloss Vollrads**. Am Schloss geht es vorn vorbei, über einen kleinen Parkplatz, bis zum Ende der Mauer, wo die Route nach rechts abbiegt. Auf der Teerstraße angekommen, nach links abbiegen. Nach ca. 100 Metern die Teerstraße verlassen und geradeaus dem Schotterweg folgen (Rheinsteig und H7). Im Tal nach links und den nächsten Weg nach rechts abbiegen, der wieder aus dem Tal hinausführt. Auf dem Hügelrücken stößt man erneut auf eine Teerstraße. Hier nach links abbiegen. Dieser Straße folgen, die einen wunderbaren Blick über den Rheingau bietet, vorbei an Weinbergen und Wald, bis zum Ende der Wochenendhäuser. Dort nach rechts abbiegen und bergauf gehen bis zum Waldrand, wo es links weitergeht bis zur nächsten Querstraße. Hier wenige Meter nach rechts gehen und links in einen Pfad einbiegen. Weiter geht es bis zur L3272, an der man nach rechts und gleich die nächste nach links abbiegt. Dem Waldweg folgen bis zur ersten Kreuzung, hier nach links abbiegen und dem Schmetterlingsweg folgen. An der folgenden Weggabelung links halten und über die Wiese bis zum Teerweg gehen. Hier

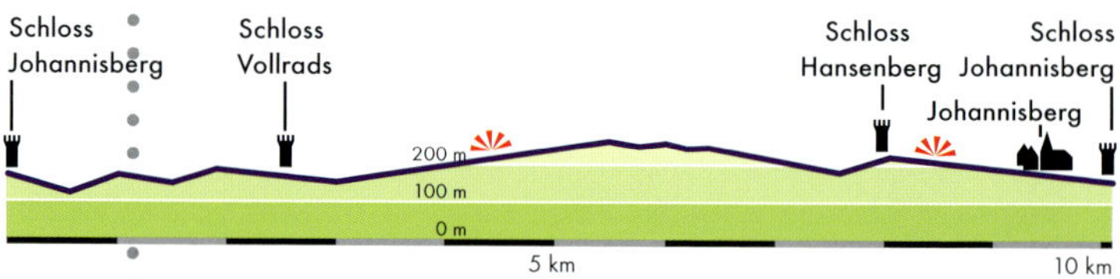

*Weinberghäuschen auf dem Weg zu Schloss Vollrads.*
*Seite 94: Unterhalb von Schloss Johannisberg verläuft der 50. Breitengrad.*

nach links der Teerstraße folgen bis zur nächsten Gabelung, wo es rechts weitergeht. (Wer zum Gutsausschank „Goldatzel" möchte, von wo man einen herrlichen Blick in die Rheinebene hat, biegt hier links ab und folgt der Straße ca. 500 m). Für die Rechtsabbieger führt der Weg am Schloss Hansenberg vorbei, das eine Internatsschule für Hochbegabte beherbergt, bis zum Ortseingang von **Johannisberg**. Dort geht es nach links weiter bis zur Kreuzung, an der man rechts abbiegt. Es geht die Dorfstraße hinab bis zur Hauptstraße. Die Straße überqueren und auf der anderen Seite den linken der beiden Wege nehmen, der zurück zum Schloss Johannisberg führt.

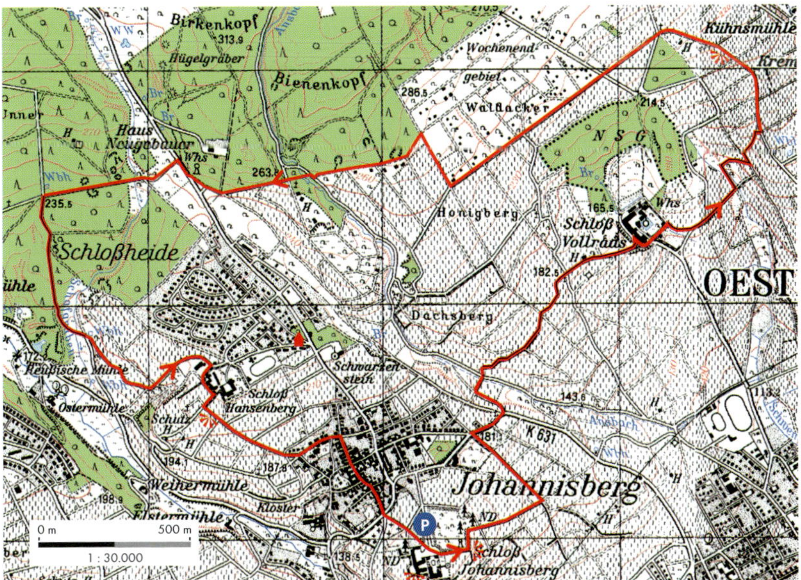

# Edles hinter edlen Mauern

Ein Kaiser ist der erste, der die besondere Lage des Johannisberges entdeckt. Karl der Große soll eines schönen Frühlingstages aus dem Fenster seiner Pfalz in Ingelheim geschaut und festgestellt haben, dass am Johannisberg der Schnee früher als auf den umliegenden Hängen schmilzt, woraufhin er beschließt, den Hang mit Reben zu bepflanzen. Ob wahr oder nicht – ganz sicher ist, dass auch Erzbischof Ruthard von Mainz die besondere Lage des Berges erkennt und 1106 ein Benediktinerkloster errichten lässt. Doch trotz Spitzenlage geht das Kloster 1716 hochverschuldet in den Besitz der Fürstabtei Fulda über. Noch im gleichen Jahr beginnen die neuen Eigentümer mit dem Bau des Schlosses und zehn Jahre später ist der Barockbau fertig.

**Der verspätete Reiter**

Die neuen Besitzer des Johannisberges sind nicht nur Schlossherrn, sondern haben auch bei der Weinlese ein entscheidendes Wörtchen mitzureden. Erst mit ihrer Erlaubnis, die ein reitender Bote in Fulda einzuholen hat, darf die Lese überhaupt beginnen. 1775 verspätet sich der Bote mit der Leseerlaubnis und die Trauben beginnen am Stock zu faulen. Doch was zunächst nach einem Unglück aussieht, wird zum Glück für die Johannisberger. Denn die verspätete Lese führt zur "Spätlese", einer neuen Qualitätsbezeichnung (mehr dazu in der Weintour ab Seite 80).

*Auch Heinrich Heine war vom Rheingau und speziell vom Johannisberg begeistert: „Mon dieu, wenn ich doch soviel Glauben in mir hätte, daß ich Berge versetzen könnte, der Johannisberg wäre just derjenige Berg, den ich mir überall nachkommen ließe."*

*Sanft eingebettet in die parkähnliche Landschaft des Rheingaus liegt Schloss Vollrads.*

## Meilensteine des Weinbaus

Das jedoch ist nicht die einzige „Leistung" des Schlosses in Sachen Weinbau. Schon 1720 besitzt Schloss Johannisberg den ersten geschlossenen Rieslinganbau der Welt. Nach der Entdeckung der Spätlese folgt 1787 die Entdeckung der Auslese. 1858 wird der erste Eiswein auf Schloss Johannisberg geerntet. Außerdem besitzt das Schloss die umfangreichste Riesling-Bibliothek der Welt, die bis zum Jahr 1748 zurückreicht. Auch die Entwicklung der Prädikatsstufen des heute gültigen Weingesetzes nimmt auf Schloss Johannisberg ihren Anfang.

## Zu früh verkauft

Von all dem aber haben die Fuldaer Bischöfe nicht viel, denn schon 1806 geht Schloss Johannisberg in französischen Besitz über. Kurz darauf schenkt es Napoleon dem Marschall Kellermann, der kurz darauf den vermutlich größten Fehler seines Lebens begeht. 1811 verkauft er die Ernte am Stock für 32.000 Gulden an den Kölner Weinhändler Peter Arnold Mumm. 1811 wird ein Jahrhundertjahrgang, von dem Goethe in höchsten Tönen schwärmt, und Mumm verkauft den Wein für stattliche 150.000 Gulden. Mit dem Untergang Napoleons wechselt das Schloss erneut seinen Besitzer. Es gehört nun zur Verfügungsmasse des Wiener Kongresses. Der preußische König würde es gern seinem Marschall Blücher übereignen. Doch daraus wird nichts. Das Schloss geht in den Besitz des österreichischen Kaisers über, der es seinem Kanzler Fürst von Metternich übergibt, in dessen Familienbesitz sich das Schloss noch heute befindet.

Die Pfarrkirche von Schloss Johannisberg. Die romanische Basilika gab dem Johannisberg seinen Namen, denn die Weihe der ehemaligen Abteikirche erfolgte um 1100 an St. Johannes dem Täufer.

## Wunderlicher Wohnturm

Nicht mehr im Familienbesitz hingegen ist Schloss Vollrads, das schon von weitem mit seinem Wohnturm aus den Weinbergen ragt. Den wuchtigen Turm inmitten eines Teiches empfindet Goethe bei seinem Besuch 1814 als "wunderlich". Errichtet wird er im ersten Drittel des 14. Jahrhunderts, sein barockes Dach erhält er erst später. Auch das Herrenhaus und die Wirtschaftsgebäude kommen erst 1684 dazu.

## Berühmter Wanderer

Auch wenn er den Turm von Schloss Vollrads wunderlich findet, der Johannisberg hat es ihm dafür umso mehr angetan. Am 2. September 1814 wandert Goethe von Schloss Vollrads zum Schloss Johannisberg. Seine Eindrücke hat er in den Aufzeichnungen „Im Rheingau - Herbsttage" der Nachwelt hinterlassen: „Überrascht wird man doch, wenn man auf den Atlan des Johannisberger Schlosses tritt. Denn von Biebrich bis Bingen ist alles einem gesunden oder bewaffneten Auge sichtbar: Der Rhein mit den daran gegürteten Ortschaften, Inselauen, gegenseitigen Ufern und ansteigenden Gefilden. Links oben die blauen Gipfel des Alkins und Feldbergs, gerade vor uns der Rücken des Donnersbergs! Er leitet das Auge nach der Gegend, woher die Nahe fließt. Rechts unten liegt Bingen, daneben die ahnungsvolle Bergschlucht, wohin sich der Rhein verliert."

***Vinothek Schloss Vollrads Im Kutscherhaus***:
*Ostern bis Oktober:*
*Mo bis Fr 9–18 Uhr*
*Wochenende und Feiertage ab 11 Uhr*
*November bis Ostern:*
*Mo bis Fr 9–17 Uhr*
*Wochenende und Feiertage 12–17 Uhr*
*Tel.: 06723/660*

## Wein, Musik und Essen

Am Blick kann man sich auch heute noch erfreuen. Am Wein sowieso. Und mittlerweile auch an viel Kultur. Denn davon haben beide Schlösser eine Menge zu bieten. Zum Beispiel die Konzerte des renommierten Rheingau-Musik-Festivals auf Schloss Johannisberg. Auf Schloss Vollrads lädt eine Vinothek Weininteressierte zum Besuch ein.

*Den Ausblick, den schon Goethe genossen hat, bietet die Terrasse von Schloss Johannisberg.*

# Einen Abstecher wert:

## Treffpunkt der Romantiker

Goethe, Achim von Arnim, die Brüder Grimm – sie alle gehen bei Clemens von Brentano ein und aus. Im Brentanohaus in Winkel – heute ein Restaurant mit schönem Garten – verbringt der Romantiker einige Jahre seines Lebens, umgeben von Freunden aus Kunst und Wissenschaft. Führungen durch die historischen Räume sind nach Terminvereinbarung möglich.

## Größer und höher

Die Geisenheimer nennen ihre Pfarrkirche stolz den Geisenheimer Dom. Ihr heutiges Aussehen erhält die Kirche 1836, als der Wiesbadener Architekt Philipp Hoffmann die Länge des Schiffs beinahe verdoppelt und eine neugotische Doppelturmfassade davor setzt.

## Europas größtes Weingut

Auch wenn es abseits der „Schlösserroute" liegt, so gehört ein Abstecher zum Kloster Eberbach unbedingt zu einem Rheingaubesuch dazu. In der Neuzeit Drehort eines weltberühmten Klosterkrimis, war das Kloster im Mittelalter das größte Weingut Europas. Von seiner Gründung im 12. Jahrhundert bis zur Aufhebung 1803 ist Kloster Eberbach eine Abtei des Zisterzienserordens und ein florierendes Unternehmen. Drei klostereigene Schiffe transportieren im Mittelalter den Wein zollfrei über den Rhein. Doch der Reichtum des Klosters schafft auch Neider. Im Bauernkrieg wird das Kloster geplündert und das damals größte Weinfass der Welt – es fasste 740 Hektoliter – zerstört. Die Bibliothek wird im Dreißigjährigen Krieg zerstreut. 1803 wird das Kloster dem Haus Nassau-Usingen zugesprochen. Die wechselvolle Geschichte des Klosters lässt sich auch an der Architektur ablesen. Nie zerstört, präsentiert Kloster Eberbach heute die gesamte europäische Baugeschichte – von schlichter romanischer Architektur über gotische bis zu barocken Elementen.

***Stadtverwaltung Geisenheim (Johannisberg)***
*Rüdesheimer Straße 48*
*65366 Geisenheim*
*Tel.: 06722/7010*
*stadtverwaltung@geisenheim.de*
*www.geisenheim.de*

***Tourist-Information Oestrich-Winkel***
*An der Basilika 11a*
*65375 Oestrich-Winkel*
*Tel.: 06723/19433*
*touristinfo@oestrich-winkel.info*
*www.oestrich-winkel.de*

***Kloster Eberbach***
*65346 Eltville*
*06723/9178100*
*Klosterschänke:*
*06723/9930*
*info@klostereberbach.de*
*www.klostereberbach.de*
*Ganzjährig geöffnet*

*Sieben Kurzwander-Tipps*

# Mal kurz die Füße vertreten

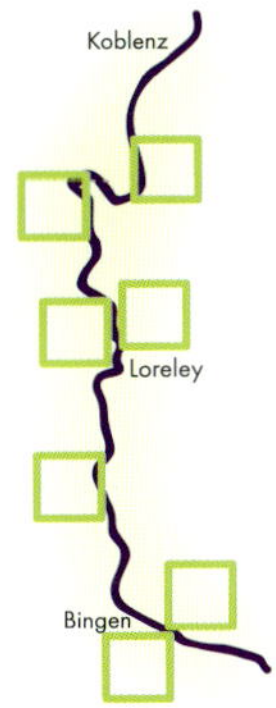


**Sieben Kurztouren für Kurzentschlossene – wer das Rheintal in all seiner Schönheit genießen will, aber weder Zeit noch Lust hat, eine Tageswanderung zu unternehmen, findet hier sieben kurze Touren, die alles bieten, was das Rheintal erlebenswert macht. Ein bisschen Kondition ist aber auch hier gefragt, denn fast alle Touren beginnen im Tal und führen – zunächst steil bergauf und oft über Pfade – auf die Höhen wieder zurück zum Ausgangspunkt. Belohnt wird man für die Anstrengung jedoch mit tollen Ausblicken und schönen Wegen.**

## Die Marksburg im Blick

Rund um Braubach

Start ist in Braubach am Rheinufer. Von hier geht es über die B42 in die Altstadt und weiter links bis zum Bahnhof, am Bahnhofskiosk nach rechts abbiegen, bis zur Tourismusinformation. Die Straße überqueren und steil den Berg

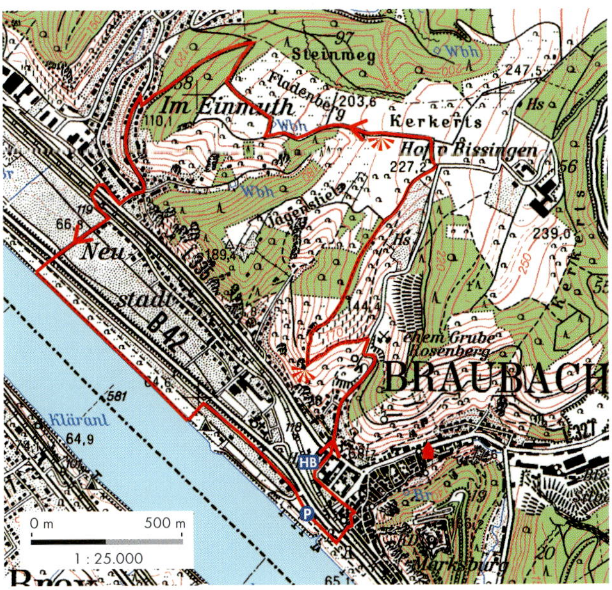


***Tourdaten***

***Länge***
*ca. 5,5 km (Rundtour)*

***Gehzeit***
*ca. 1 ¼ Std.*

***Charakter***
*zunächst steiler Pfad mit schönem Blick auf die Marksburg, dann gemütlicher Höhenweg und Rheinuferweg*

***Parken***
*kostenfrei am Rheinufer von Braubach*

***Essen & Trinken***

***Landgasthof***
***„Zum weißen Schwanen"***
*(gehobene Küche)*
*Brunnenstraße 4*
*56338 Braubach*
*Tel.: 02627/9820*
*zum-weissen-schwanen@rz-online.de*
*www.zum-weißen-schwanen.de*

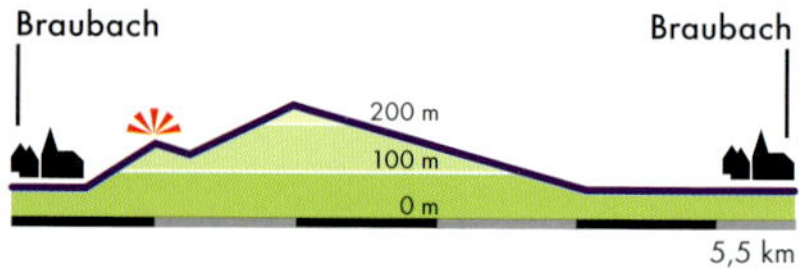


hoch. Nach ca. 500 Metern (nach einer Rechts- und gleich darauf folgenden Linkskurve) biegt die Route links auf einen Pfad ab (Rheinsteig), von dem man einen wunderbaren Blick auf die Marksburg hat. An der nächsten Gabelung geht es rechts weiter (Richtung Schlierbach), vorbei am Rastplatz bis zum Waldrand. Dort geradeaus halten bis zum Teerweg. Hier nach links abbiegen und dem Sträßchen erneut Richtung Schlierbach folgen. Am Waldrand rechts und an der nächsten Kehre scharf links abbiegen (den Rheinsteig verlassen). Von hier geht es den Hang hinab bis zu den ersten Häusern des Braubacher Ortsteils „Im Einmuth". An der Straße nach links abbiegen. Nach einem ziemlich steilen Wegstück nach rechts abbiegen und weiter bis zur Hauptstraße. Hier rechts halten und nach wenigen Metern unter der Bahnunterführung hindurch. Auf der anderen Seite der Bahn geht es links weiter, bis zum Ortsschild, dort nach rechts abbiegen und geradeaus weiter bis zum Rheinufer. Die B42 unterqueren und entweder direkt die kleine Teerstraße links bis zum Parkplatz abbiegen oder den – etwas mühsameren, aber wesentlich schöneren – Weg direkt am Rheinufer vorbei zurück bis zum Parkplatz nehmen.

## Über die Höhen des Taunus

### Rund um St. Goarshausen

Für alle, die einen entspannten Spaziergang unternehmen wollen, ist der Startpunkt in Nochern. Für die anderen geht es in St. Goarshausen los. Der sehr steile Aufstieg beginnt am Friedhof in St. Goarshausen (der liegt im Hasenbachtal Richtung Nastätten). Oben am Sendemast angekommen, geht es den Teerweg weiter hoch bis zum Gebüschrand. Dort nach links Richtung Burg Maus

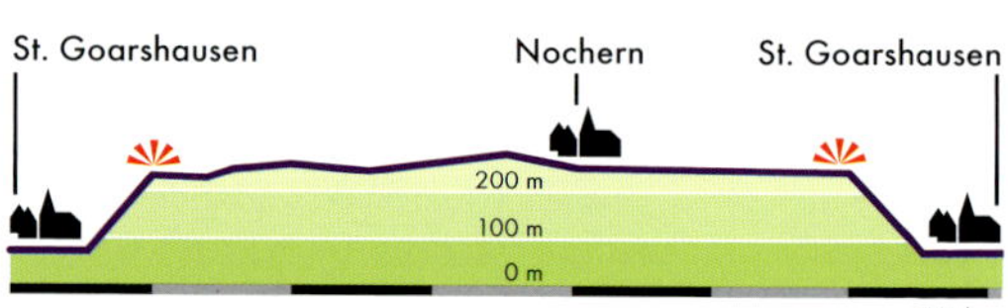

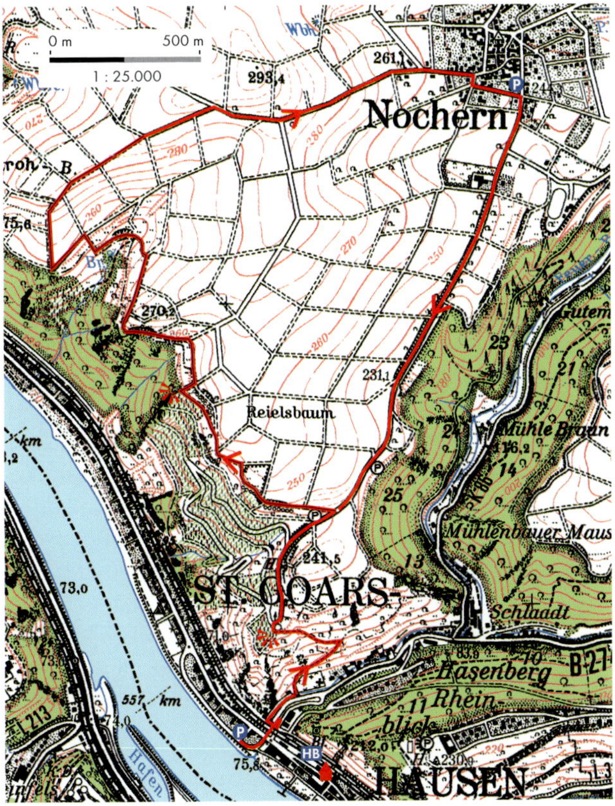


**Tourdaten**

**Länge**
ca. 7,2 km (Rundtour)

**Gehzeit**
ca. 2 Std.

**Charakter**
mit Startpunkt in Nochern gemütliche Wanderung auf der Höhe, ansonsten sehr steiler An- und Abstieg

**Parken**
kostenfrei in Nochern oder in St. Goarshausen am Friedhof bzw. am Rheinufer (> Seite 46)

**Essen & Trinken**

**Gasthaus Erholung**
Hauptstraße
56357 Nochern
Tel.: 06771/2598

abbiegen (Rheinsteig). Nun geht es den Wiesenweg am Hang entlang, begleitet von wunderbaren Rheinblicken. Nach der Durchquerung eines kleinen Taleinschnitts führt der Weg auf der anderen Seite wenige Meter steil die Wiese hoch. Am Querweg nach links abbiegen bis zum Hochsitz. Am Hochsitz nach rechts abbiegen (hier den Rheinhang verlassen. Der Fahnenmast links lohnt keinen Umweg, er steht im Gebüsch und ist kein Aussichtspunkt). Den Wiesenweg senkrecht vom Rhein weg nehmen und weiter bis zur Teerstraße gehen, die geradewegs nach **Nochern** führt. In Nochern die erste Möglichkeit nach rechts abbiegen und weiter bis zur nächsten Querstraße. Hier wieder nach rechts abbiegen und über die Felder Richtung Rhein gehen. Es geht zurück bis zum Sendemast und von

*Schöner Rastplatz nach einem anstrengenden Aufstieg: Aussichtspunkt oberhalb von St. Goarshausen.*

dort wieder den steilen Pfad hinab bis nach St. Goarshausen. Wer die Tour in Nochern startet, biegt gegenüber dem Gasthaus Erholung in die Schulstraße ein und folgt der Straße bis zum Ortsrand.

## Germania und Hildegard

Rund um Rüdesheim

***Tourdaten***

***Länge***
*ca. 7 km (Rundtour)*

***Gehzeit***
*ca. 2 Std.*

***Charakter***
*eine „Aussichtstour" mit permanentem Blick ins Rheintal, überwiegend befestigte Feldwege bzw. Teerwege*

***Parken***
*kostenpflichtig in der Nähe des Bahnhofs*

***Einkehren***
*> Seite 82*

Vom Bahnhof in Rüdesheim führt die Tour zunächst links die Oberstraße hinauf. Von dort die erste Möglichkeit links in die Weinberge einbiegen und dem Schild "**Niederwalddenkmal**" folgen. Auf Pfaden, über Treppen und teilweise über die Teerstraße geht es den Berg hoch bis zum Rebenhaus. Nach einem kurzen Abstecher zum Denkmal geht es zurück zum Rebenhaus und von dort den Hang entlang. An der folgenden Weggabelung rechts halten bis zum Teerweg. Hier nach links abbiegen und weiter bis zur L3454. Die Straße überqueren und gleich wieder rechts den Hang hinab und nach links in die

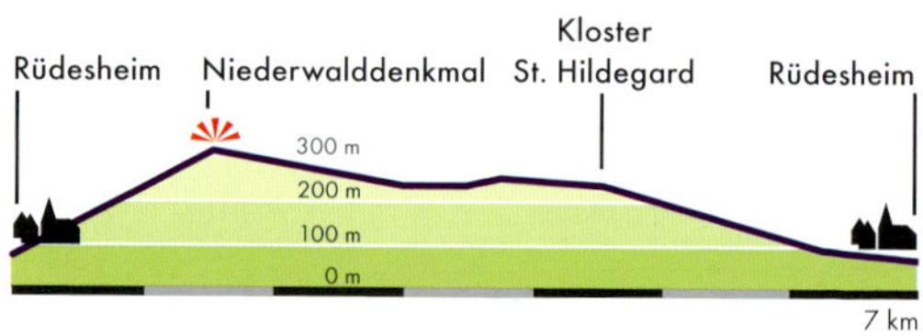


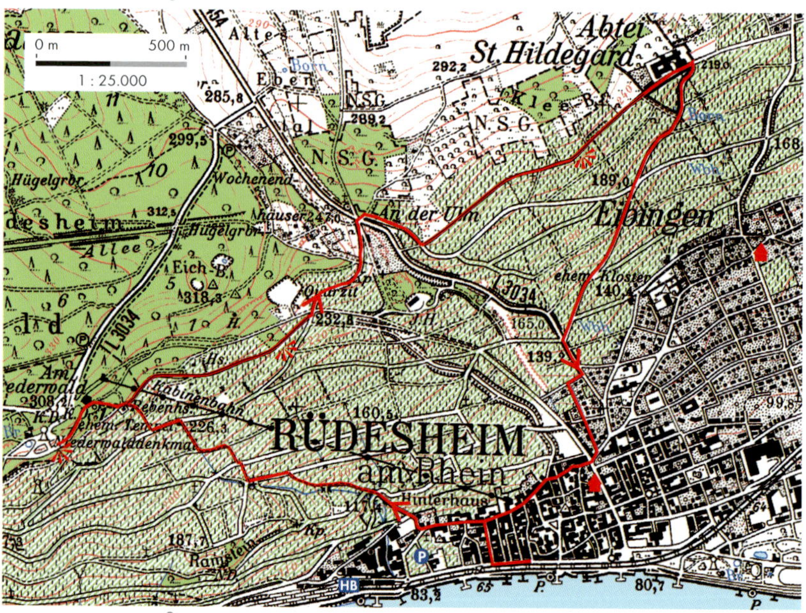

*Auf dem Weg zum Niederwalddenkmal lohnt sich ein Blick zurück: Rüdesheim und die Rheinebene.*

unbefestigte Straße abbiegen (H7 folgen). Mit Blick in die Rheinebene führt der Weg durch die Weinberge bis zum **Kloster St. Hildegard**. Nach dem Kloster nach rechts abbiegen. Von hier geht es wieder bergab Richtung Rüdesheim. An der L3454 angekommen, links Richtung Stadt halten. Am Ortseingang nach rechts und gleich wieder nach links abbiegen. Wieder auf der Hauptstraße, kurz rechts halten und nach wenigen Metern die Straße verlassen und geradeaus dem Weg in die Altstadt von Rüdesheim folgen. Auf diesem Weg bleiben, der geradeaus bis zum Parkplatz am Bahnhof führt.

## Auf zur Thonetshöhe

Rund um Boppard

Eine fast gemütliche Abendwanderung ist die Tour rund um Boppard. Aber auch hier: Es geht zunächst steil nach oben und ziemlich steil wieder bergab. Startpunkt ist am Rheinufer, von dort geht es Richtung „Alte Burg" und weiter bis zur Michael-Bach-Straße („R" folgen). Hier nach rechts abbiegen und geradeaus weiter, unter der B9 hindurch bis zur Parkstraße, der man nach links folgt bis zum Wendehammer. Dort nach rechts in eine Grundstücksauffahrt abbiegen und nach wenigen Metern rechts dem Pfad Richtung **Thonetshöhe** folgen. Am Aussichtspunkt angekommen, geht es einen Pfad an der Hangkante entlang Richtung „**Altlei**", einem weiteren Aussichtspunkt, und von dort bis zur Schotterstraße auf dem kleinen Hochplateau. Hier links halten bis zum nächsten Abzweig, an dem es rechts weitergeht. Der Weg stößt auf einen Querweg, dem man nach rechts folgt. Nun geht es geradeaus bis zu ei-

***Tourdaten***

***Länge***
*ca. 6,5 km (Rundtour)*

***Gehzeit***
*ca. 1¾ Std.*

***Charakter***
*schöne Blicke über Boppard, steiler An- und Abstieg, ebenes Hochplateau mit Teerwegen*

**Parken**
*kostenfrei auf dem Parkplatz P2, von Koblenz kommend die letzte Ausfahrt nach Boppard nehmen und der Beschilderung folgen.*

**Essen & Trinken**
*> Seite 20*

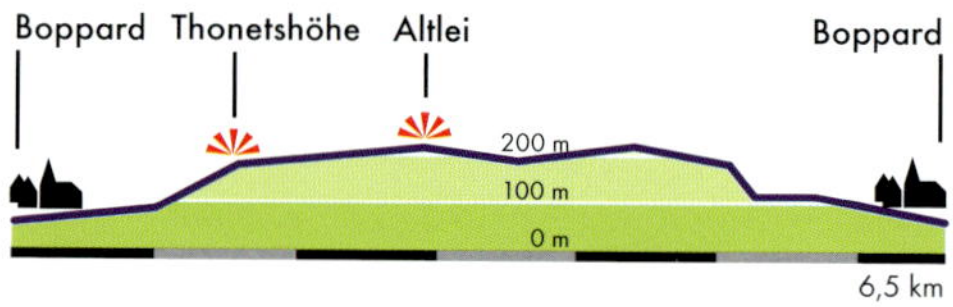


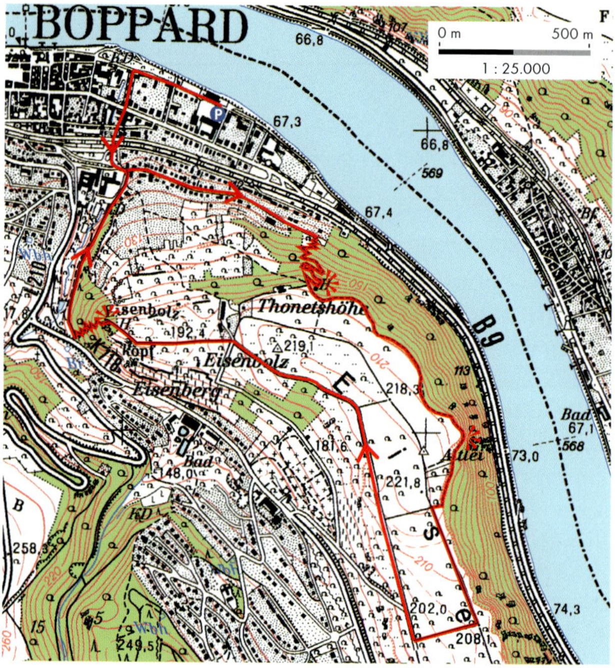


ner Kreuzung, dort schräg links einbiegen Richtung Eisenbolz. Vom Aussichtspunkt Eisenbolz geht es in steilen Serpentinen in ein Seitental hinab. Man stößt auf einen schmalen Talweg, dem man am Bach entlang nach rechts folgt bis zur Parkstraße. Von dort weiter geradeaus zum Rheinufer gehen. Wer am Rheinufer keinen Parkplatz findet, kann auch am Anfang der Parkstraße starten, denn hier findet sich garantiert ein Plätzchen.

## Schöne Täler, weite Höhen

Rund um Fellen

Start der Tour ist in Fellen, wo es das idyllische, teils wildschroffe Tal „An der Heimbach" hochgeht. Nach ca. 400 Metern an der Weggabelung nach links abbiegen und dem Pfad bis auf die Höhe folgen. Dort links halten und über den Wiesenweg an der Hangkante entlang gehen.

Kurz nach dem **„Pilz"-Aussichtspunkt** nach links in den Rheinburgenweg abbiegen, der um einen Bauernhof führt und auf eine Teerstraße stößt. Dieser Straße geradeaus folgen und am zweiten Wiesenweg nach rechts abbiegen. Dem Weg bergauf durchs Feld folgen, die Teerstraße überqueren, und den Fußweg durch das Neubaugebiet von **Werlau** bis zur Hauptstraße nehmen. Dort nach rechts abbiegen. Nach einer langgezogenen Linkskurve rechts in die Bopparder Straße einbiegen. Auf dieser Straße geht es zunächst über freies Feld, dann in weiten Serpentinen durch den Wald wieder ins Rheintal hinab. In Fellen angekommen, rechts der Hauptstraße folgen bis zum Parkplatz.

***Tourdaten***

***Länge***
*ca. 7 km (Rundtour)*

***Gehzeit***
*ca. 2 Std.*

***Charakter***
*abwechslungsreich, wunderschöner Pfad entlang der Hangkante*

***Parken***
*kostenfrei am Beginn des Heimbachtales in Fellen*

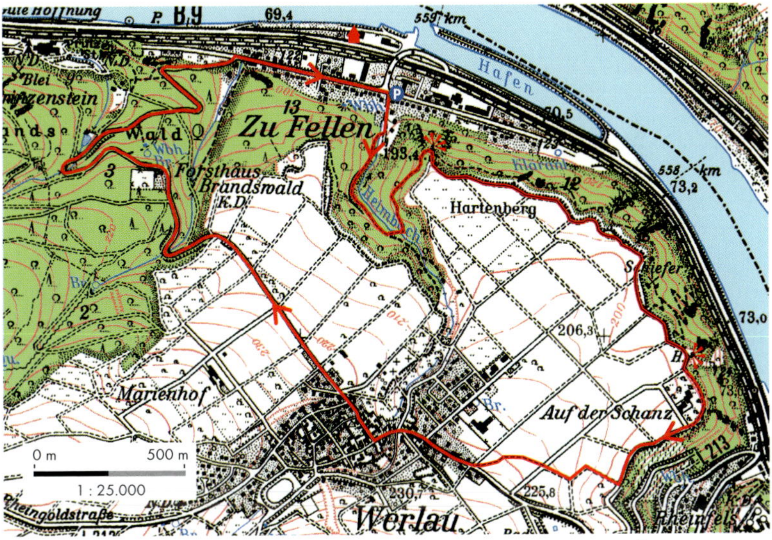


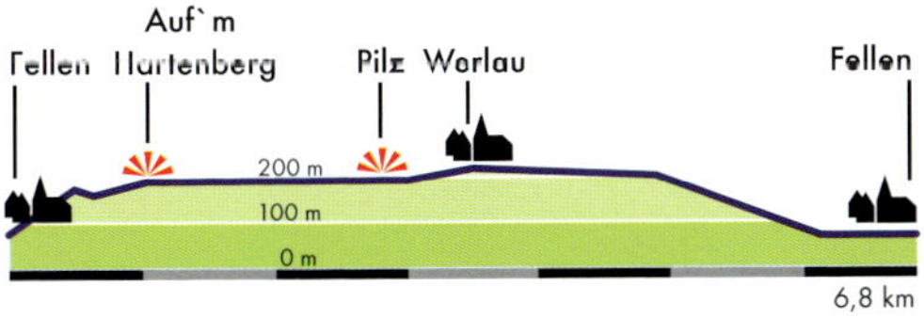


***Essen & Trinken***

***Hotel Landsknecht***
*Rheinuferstraße*
*56325 St. Goar-Fellen*
*Tel.: 06741/2011*
*www.hotel-landsknecht.de*

## Von Burg Stahleck zur Römerstraße

Rund um Bacharach

Los geht es in der Ortsmitte von Bacharach. Seitlich der Kirche die Treppe hochgehen, vorbei an der Werner-Kapelle, bis zur **Burg Stahleck**. Vor dem ersten Tor der Burg nach links abbiegen (dem Nordic-Walking-Pfad von

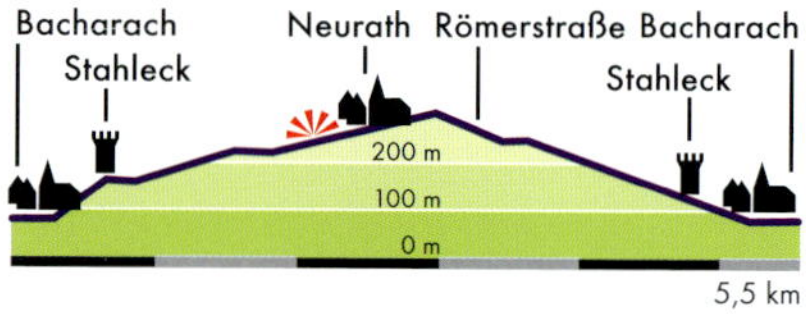


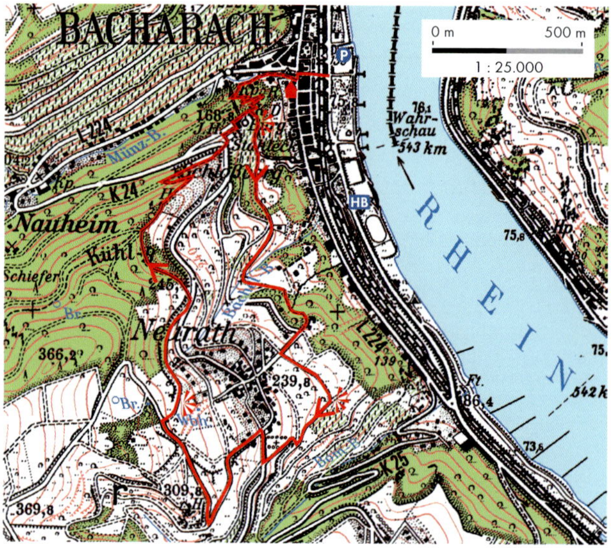


**Tourdaten**

**Länge**
*ca. 5,5 km (Rundtour)*

**Gehzeit**
*ca. 1 ½ Std.*

**Charakter**
*kurzweilig und abwechslungsreich, teilweise Pfade, schöne Blicke ins Rheintal.*

**Parken**
*kostenpflichtig am Rheinufer, kostenfrei in der Nähe des Bahnhofs, Richtung Bingen*

**Essen & Trinken**
*> Seite 66*

Sebamed folgen). Von hier dem Pfad folgen bis zum Wendekreis und weiter am Hang entlang bis zur Haarnadelkurve, wo es geradeaus weitergeht. Nach wenigen Metern biegt rechts ein kleiner Pfad ab. Diesem folgen bis zur Teerstraße. Dort geradeaus den Hang hoch gehen und den nächsten Weg nach links abbiegen. Der Weg führt aussichtsreich über offenes Feld und trifft nach einer S-Kurve auf die K25, der man nach **Neurath** hinein folgt. Kurz nach Ortsbeginn nach links abbiegen und dem Weg bergauf folgen, bis es rechts wieder den Berg hinab geht (Schild „Römerstraße" folgen). Wieder auf der K25 angekommen, nach links abbiegen und nach wenigen Metern wieder links halten. Wer die freigelegte **Römerstraße** sehen will, muss der Straße noch ein Stück talwärts folgen. Die anderen verlassen die K25 und biegen links in den Waldweg ein. An der Weggabelung rechts halten und weiter bis zum Aussichtspunkt Rabenstein. Von hier geht es einen schmalen Pfad bergab. Den nächsten Weg rechts abbiegen und die K25 überqueren. Von dort dem Pfad folgen Richtung **Burg Stahleck** und über die Burg zurück nach Bacharach gehen.

# Eine Runde um den Rochusberg

Rund um Bingen

Los geht es auf dem Rochusberg, kurz vor der Rochuskapelle. Von der Rochuskapelle führt ein Fußweg durch eine Allee bis zum Rochusweg, der von Bingen hochkommt. An dieser Straße nach rechts und wenig später nach links in einen Waldpfad abbiegen, der ein interessanter Waldlehrpfad ist (der "3" folgen). An der ersten Gabelung links, an der kurz darauf folgenden Gabelung rechts halten (dem Lehrpfad folgen). Der Weg läuft eben am Hang entlang bis zum Aussichtspunkt **Scharlachkopf**. Vor dem Rondell nach rechts abbiegen. Von hier geht es mit weitem Blick über Rheinhessen auf einer Teerstraße durch die Weinberge von Büdesheim. Der Straße ca. 2

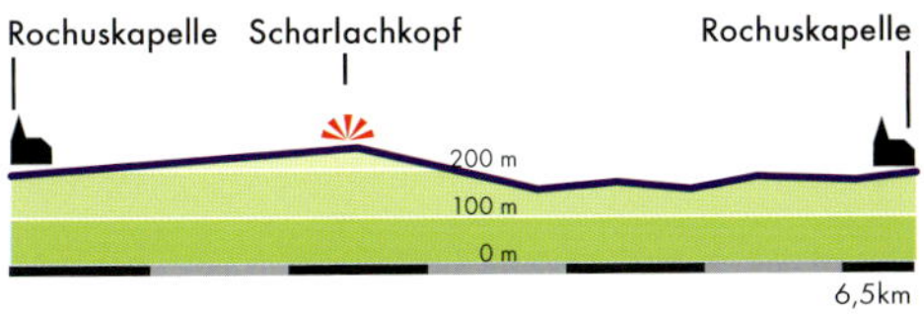


***Tourdaten***

***Länge***
*ca. 6,5 km (Rundtour)*

***Gehzeit***
*ca. 1 ¾ Std.*

***Charakter***
*gemütliche Tour ohne steile An- oder Abstiege, weite Blicke über Rheinhessen und ins Rhein-Main-Gebiet*

***Parken***
*kostenfrei vor der Rochuskapelle*

***Essen & Trinken***
*> Seite 35*

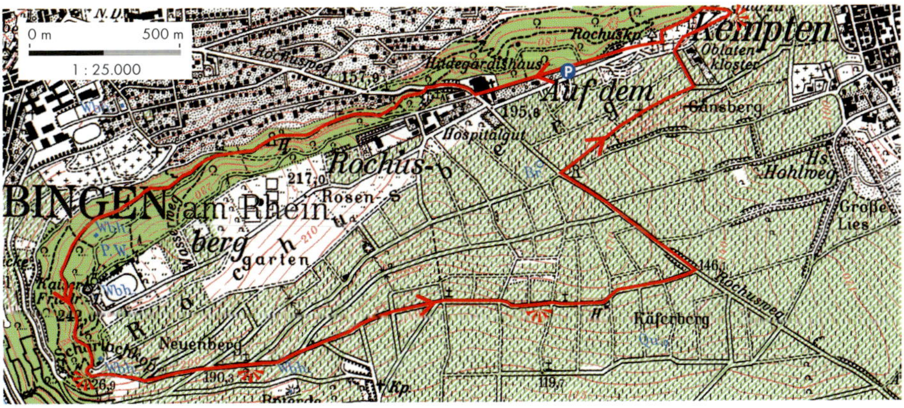


km geradeaus folgen, bis sie auf eine Querstraße trifft. Hier nach links abbiegen und bergauf weiter. An den beiden Bänken vorbei, am Legelträger ebenfalls und dann nach rechts abbiegen (vor dem Schild "Durchfahrt nach Bingen gesperrt"). Wieder geht es parallel am Hang entlang mit wunderschönem Blick auf die Rochuskapelle und den Rhein. Am nächsten Querweg nach links abbiegen. Am Waldrand angekommen, lohnt sich ein Abstecher nach rechts. Dem Kreuzweg folgen und in einem kleinen Bogen zurück zur Rochuskapelle gehen.

# Freizeittipps von A bis Z

## Autofreier Sonntag

Jedes Jahr am letzten Sonntag im Juni heißt es „TalTotal". Zwischen Braubach und Rüdesheim und zwischen Koblenz und Bingen haben an diesem Tag die Fahrradfahrer und Inlineskater das „Fahren". Unterwegs gibt es Musik, Essen oder ein erfrischendes Bad im Rhein. Wo was los ist, erfährt man im Internet unter: www.taltotal.de.

## Burgen

Fast alle Burgen sind heute ganz oder teilweise zu besichtigen. Ermäßigten Eintritt auf einige der Burgen bietet das „Burgenticket". Erhältlich ist es in allen teilnehmenden Burgen sowie den Tourist-Informationen (Öffnungszeiten etc.: > Seite 114–117).

***Burgenticket:***
*Gültig für 10 Burgen*
*Gültigkeitsdauer: 2 Jahre*

## Bootstouren

Zwar ist der Rhein zum Selberpaddeln eher ungeeignet, doch ganz in der Nähe ist ein Flüsschen wie geschaffen dafür: Die Lahn. Zahlreiche Bootsverleiher ermöglichen zwischen Marburg und Lahnstein wunderschöne Tagestouren. Nähere Infos sowie zahlreiche Adressen gibt es im Internet unter: www.daslahntal.de.

*Linke Seite:*
*Ein Spektakel der besonderen Art: Rhein in Flammen. Das größte Feuerwerk leuchtet über der Festung Ehrenbreitstein in Koblenz.*

## Bäder

Wenn die Sonne scheint, heißt es seit einigen Jahren wieder: Ab in die Fluten des Rheins. Mittlerweile ist die Wasserqualität wieder so gut, dass man bedenkenlos schwimmen gehen kann. **Strandschwimmbäder** gibt es in Osterspai, im „Engen Türchen", einer vor der Strömung des Rheins geschützten Bucht. Am Ortsausgang von Trechtingshausen, Richtung Niederheimbach, liegt das Trexhaiser Strandbad. Dazu kommen viele kleine Buchten, besonders bei Niedrigwasser, die zum Sonnenbaden einladen, z.B. bei St. Goar, zwischen St. Goarshausen und Kaub oder bei Bacharach. **Freibäder** gibt es in Kamp-Bornhofen und in Koblenz-Oberwerth, beide liegen direkt am Rheinufer. In Freibädern (weiter auf Seite 118)

*Das Enge Türchen in Osterspai: Im Sommer beliebter Treffpunkt für alle „Rheinnixen".*

| Burgen | Geschichte | Telefon |
|---|---|---|
| **Festung Ehrenbreitstein, Koblenz** | Nach Gibraltar eines der bedeutendsten Festungswerke in Europa | Besucherdienst: 0261/66754000 |
| **Lahneck, Lahnstein** | Bedeutendes Zeugnis der Rheinromantik | Burgrestaurant: 02621/2244 |
| **Marksburg, Braubach** | Einzig unzerstörte Burg am Mittelrhein, eine Ritterburg wie aus dem Bilderbuch | Ticketkasse: 02627/206 Burgenvereinigung: 02627/536 |
| **Sterrenberg, Kamp-Bornhofen** | Älteste Burg am Rhein | 06773/323 |
| **Liebenstein, Kamp-Bornhofen** | Beachtenswerter gotischer Wohnturm | 06773/308 u. 251 |
| **Burg Maus, Wellmich** | Adler- und Falkenhof | 06771/7669 |
| **Burg Katz, St. Goarshausen** | Zur Beobachtung von Burg Maus errichtet | – |
| **Gutenfels, Kaub** | Ältester staufischer Wehr- und Wohnturm am Rhein | 06774/220 |
| **Pfalz, Kaub** | Die einzige „schwimmende“ Burg am Rhein | 0172/2622800 |
| **Burgruine Ehrenfels, Rüdesheim** | Zusammen mit dem Mäuseturm wurde von hier das Binger Loch kontrolliert | Tourist-Info Rüdesheim: 06722/19433 |
| **Brömserburg, Rüdesheim** | Älteste Niederburg im oberen Mittelrheintal | 06722/2348 |
| **Schloss Stolzenfels, Koblenz-Stolzenfels** | Ein Stück Rheinromantik, 1842 nach Plänen Schinkels wieder aufgebaut | 0261/51656 |

| Internet | Öffnungszeiten |
|---|---|
| www.festungehren-breitstein.de | Landesmuseum > Seite 124, Führungen April bis Nov von 10–17 Uhr (stündlich), Führung „Der ewige Soldat" Mai bis Oktober |
| www.lahneck.de | April bis Nov. täglich von 10–18 Uhr<br>letzter Einlass: 17 Uhr |
| www.marksburg.de | April bis Oktober von 10–17 Uhr, von Nov. bis März von 11–16 Uhr |
| www.burg-sterrenberg.de | nur Restaurant, schöne Burgterrasse |
| www.burg-liebenstein.de | Restaurant und romantisches Hotel |
| www.burg-maus.de | März bis Anfang Okt. Flugvorführungen um 11 und 14.30 Uhr. Sonn- und Feiertags auch um 16.30 Uhr |
| – | keine Besichtigung möglich |
| www.rhinecastles.com/ hotel-burg-gutenfels | Hotel, Besichtigung nur für Hotelgäste möglich |
| – | 10–18 Uhr (10–17 Uhr)<br>Im Dez. und Mo geschlossen |
| – | nur nach Absprache mit der Tourist-Info |
| www.rheingauer-weinmuseum.de | Weinmuseum |
| www.schloss-stolzenfels.de | 9–18 Uhr (Jan. bis März 9–16 Uhr., Okt. und Nov. 9–17 Uhr) |

| | | |
|---|---|---|
| **Rheinfels, St. Goar** | Größte Burgruine am Rhein, bedeutsames Beispiel für den Festungsbau in der Renaissance | Burg: 06741/7753<br>Hotel: 06741/8020 |
| **Schönburg, Oberwesel** | Hotel | 06744/93930 |
| **Stahleck, Bacharach** | Jugendherberge, sehenswerter wassergefüllter Halsgraben | 06743/1266 |
| **Burgruine Fürstenberg, Rheindiebach** | Im Pfälzischen Erbfolgekrieg zerstört und nicht wieder aufgebaut | - |
| **Heimburg** | In Privatbesitz | - |
| **Sooneck, Niederheimbach** | Eine der ritterlichsten Burgen am Mittelrhein. Mitte des 19. Jhs. als Jagdschloss wieder aufgebaut | 06743/6064 |
| **Reichenstein, Trechtingshausen** | Im 12. Jh. gefürchtetes Raubritternest, wertvolles Beispiel für neugotischen Stil | 06721/6117 |
| **Rheinstein, Trechtingshausen** | Bedeutendes Beispiel romantischen Burgenaufbaus | 06721/6348 |
| **Burg Klopp, Bingen** | Restaurant und Heimatmuseum | 06721/15 644<br>(Restaurant)<br>06721/184110 |

| | |
|---|---|
| www.burgruine-rheinfels.de www.schlosshotel-rheinfels.de | März bis Sept. von 9 – 18 Uhr (Okt. 17 Uhr und nur an Wochenenden), renommiertes Schlosshotel Unterirdische Gänge, Taschenlampe nicht vergessen, Burgenlehrpfad, Ritterturnier, Burgmarkt |
| www.burghotel-schoenburg.de | nur Innenhof |
| www.jugendherberge.de | nur Innenhof |
| www.loreleytal.com/rheinburgen/links/index.html | jederzeit |
| – | keine Besichtigung möglich |
| www.burgen-rlp.de | 10 – 18 Uhr (10 – 17 Uhr) Im Dez. und Mo geschlossen |
| www.burg-reichenstein.de | Besichtigung ganzjährig möglich Hotel und Restaurant |
| www.burg-rheinstein.de | 9.30 – 17.30 Uhr (14 – 17 Uhr, Fr und Sa geschlossen), Café-Terrasse Nachtführungen |
| www.restaurant-burg-klopp.de | Museum: April bis Oktober 11 – 17 Uhr (Mo geschlossen) |

alle Angaben ohne Gewähr

*Vorherige Seite (v.l.n.r.)*

*Rheinstein, Marksburg, Ehrenfels, Lahneck, Sterrenberg, Pfalz, Rheinfels, Ruine Fürstenberg*

planschen kann man außerdem in Lahnstein (nahe der Burg Lahneck), Bingen, Boppard-Buchenau, in St. Goar-Werlau und in Rüdesheim. Auch bei schlechtem Wetter muss man nicht auf den Badespaß verzichten. **Hallenbäder** finden sich u.a. in Mühlheim-Kärlich sowie in Rengsdorf im Westerwald. Und wer sich nach einer langen Wanderung auf eine schöne Wellnesserholung freut, findet in Bad Ems, in Lahnstein auf der Höhe sowie in Wiesbaden und Bad Neuenahr **Thermalbäder**.

*Die einzige Möglichkeit, zwischen Bingen und Koblenz den Rhein zu überqueren, ist per Fähre, wie hier zwischen Lorch und Niederheimbach.*

## Fähren

Landschaftlich von Vorteil, verkehrstechnisch allerdings von Nachteil: Auf über 80 Kilometern gibt es am Mittelrhein keine Brücke. Zwischen der Südbrücke in Koblenz und der Schiersteiner Brücke in Wiesbaden kommt man nur per Fähre trockenen Fußes über den Rhein. Und hat man die letzte verpasst – denn keine der Fähren fährt nachts – muss man schon mal einen gewaltigen Umweg in Kauf nehmen. Insgesamt fünf Autofähren sind zwischen Koblenz und Bingen/Rüdesheim auf dem Rhein unterwegs. Dazu kommen einige Personenfähren. Die letzten Abfahrtszeiten sind je nach Uferseite verschieden. In der Liste rechts ist jeweils die späteste Abfahrtszeit angegeben, d.h. je nach dem, auf welcher Rheinseite man sich befindet, kann die letzte Abfahrtszeit rund 15 Minuten oder mehr früher sein.

## Fahrradverleih

Wer mal eine Wanderpause einlegen will, auf den wartet eine schöne Alternative: Fahrrad fahren. Ob unten im Tal oder mit dem Mountainbike bergauf und bergab – auch für Fahrradfahrer gibt es im Mittelrheintal viele Tourenmöglichkeiten mit ganz unterschiedlichen Schwierigkeitsgraden. Wer sein Fahrrad zu Hause gelassen hat, kann sich bei folgenden Anbietern eines leihen (in der Hochsaison am besten einige Tage vorher eines reservieren lassen):

**Zweiräder Regenhardt**, Markenbildchenweg 28, 56068 Koblenz, Tel.: 0261/33667

**Laufrad**, Bahnhofstraße 27, 56112 Lahnstein, Tel.: 02621/62197

## Autofähren am Mittelrhein

| | |
|---|---|
| **Boppard – Filsen/ Kamp-Bornhofen** | Mo – Fr bis 20 Uhr,<br>Sa und So bis 19 Uhr,<br>Tel.: 06742/2943<br>www.faehre-boppard.de |
| **St. Goar – St. Goars-hausen** | Mai – Sept. bis 23 Uhr,<br>Okt. – April bis 21 Uhr<br>Tel.: 06771/2620<br>www.faehre-loreley.de |
| **Bacharach/Ober-wesel – Kaub** | April – Sept. bis 20 Uhr,<br>Okt. – März bis 19 Uhr<br>Tel.: 06774/373<br>www.faehre-kaub.de |
| **Niederheimbach – Lorch** | Ganzjährig bis 20 Uhr<br>Tel.: 06743/6032 |
| **Bingen – Rüdesheim** | Mai – Okt. bis 24 Uhr,<br>Nov. – April bis 22 Uhr<br>Tel.: 06721/14140<br>www.bingen-ruedesheimer.com |

## Personenfähren am Mittelrhein

| | |
|---|---|
| **Koblenz – Ehrenbreit-stein** | März und April bis 18 Uhr, Mai bis Nov. bis 19 Uhr |
| **Lahnstein – Stolzen-fels** | Von Mai bis September bis 19 Uhr, Juli und August bis 20 Uhr,<br>Tel.: 02621/4526<br>www.faehre-lahnstein.de |
| **Bingen – Rüdesheim** | Im Sommer bis 22 Uhr, im Winter bis 18 Uhr |

Alle Angaben ohne Gewähr.

**Lüdicke-Fahrradstudio**, Oberstraße 105, 56154 Boppard, Tel.: 06742/4736

**Zweiradhaus Frickhofen**, Bahnhofstraße 20, 56346 St. Goarshausen, Tel.: 06771/94994

**Zweirad-Moor**, Mainzer Straße 20, 55422 Bacharach, Tel.: 06743/919403

**Radkranz**, Oberstraße 42-47, 65385 Rüdesheim, Tel.: 06722/48336 od. 2394

**Fahrrad Becker**, Koblenzer Straße 43, 55411 Bingerbrück, Tel.: 06721/922110

*Feiern, wie die Feste fallen, ist am Mittelrhein nicht schwer: Weinfest in Oberwesel.*

## Feste

Wer gerne feiert, ist im Mittelrheintal richtig. Im Sommer vergeht kein Wochenende ohne Fest – und die Auswahl ist riesig. Ob Weinfest, kulinarische Sommernacht, Pfirsichblütenwoche oder Weinhexennacht, ob Flüzermarkt, Rebenfrühling oder Fest der fliegenden Brücken. Es ist für jeden Geschmack etwas dabei. Alle Feste auf einen Blick gibt es unter: www.welterbe-mittelrheintal.de oder unter www.rheinreise.de/Veranstaltungen.html.

## Inlineskaten

Mit den schnellen Rollen unterwegs sein kann man im Mittelrheintal überall dort, wo am Ufer asphaltierte Fahrradwege entlangführen. Rechtsrheinisch gibt es hier allerdings einige größere Lücken. Gut zu befahren für Inlineskater ist der Radweg zwischen Kamp-Bornhofen und Kestert. Linksrheinisch ist der ausgebaute Radweg deutlich länger, mit wenigen Ausnahmen führt er durchgängig von Bingen nach Koblenz. Zum Inlineskaten geeignet sind dort u.a. die Strecken zwischen Stolzenfels und Boppard sowie zwischen Bingen-Bingerbrück und Oberwesel. Touren in Rheinland-Pfalz finden sich im Internet unter www.skater-land.de.

## Internet

Eine geradezu unüberschaubare Fülle von Informationen rund ums Mittelrheintal hat das Internet zu bieten. Jede Gemeinde präsentiert sich mit einem eigenen Internetauftritt, daneben gibt es viel Interessantes zur Geschichte des Tales, zur Landschaft und Natur, zu Veranstaltungen und natürlich zum Wein. Wer also mehr über das Mittelrheintal erfahren will, wird hier garantiert fündig. Eine Auswahl von Adressen finden Sie auf der folgenden Seite.

# Der Mittelrhein im Internet:

www.welterbe-mittelrheintal.de
www.tal-der-loreley.de
www.mittelrhein-regionalgeschichte.net
www.burgen-rlp.de
www.burgen-am-rhein.de
www.stadtlandrhein.de
www.loreley.de
www.rhein-lahn-info.de
www.rheinromantik-2002.de
www.mittelrheintal.de
www.rheinreise.de
www.lvr.de
www.kultursommer.de
www.rheintal-fuehrer.de
www.mittelrhein-wein.com
www.mittelrhein-weinfuehrer.de
www.rheingau.de
www.info.burgdirekt.de
www.koblenz.de
www.lahnstein.de
www.braubach.de
www.osterspai.de
www.filsen.de
www.kamp-bornhofen.de
www.kestert.de
www.loreley-touristik.de (St. Goarshausen)
www.stadt-kaub.de
www.stadt-lorch-rheingau.de
www.assmannshausen-am-rhein.de
www.ruedesheim.de
www.bingen.de
www.trechtingshausen.de
www.niederheimbach.de
www.oberdiebach.de
www.bacharach.de
www.oberwesel.com
www.st-goar.de
www.hirzenach.de
www.boppard.de
www.spay.de
www.rhens.de

*Viele Informationen zum Mittelrhein bietet das Internet, hier der Auftritt von www.tal-der-loreley.de*

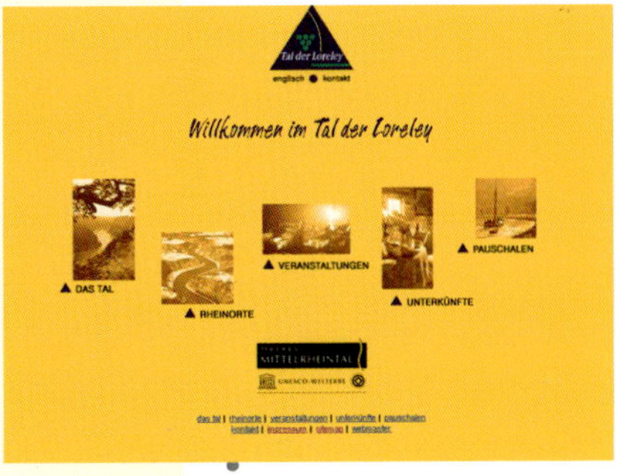

## Klamm

Wunderschöne Seitentäler, die gerade an heißen Sommertagen zu schattigen Spaziergängen einladen, gibt es zahlreiche im Mittelrheintal. Den Namen „Klamm" verdient jedoch nur das Pulsbachtal. Zu finden ist die **Pulsbachklamm** zwischen Kestert und Wellmich. Etwas abseits des Rheintals, nahe der Lahnmündung, liegt die zwei Kilometer lange, wild romantische **Ruppertsklamm**. Das kleine Seitental der Lahn bietet mehrere Passagen, die mit dicken Seilen gesichert sind und für einen spannenden Aufstieg sorgen. Zu erreichen ist die Klamm über die B260.

## Klettern

Das Morgenbachtal, eines der schönsten Seitentäler des Oberen Mittelrheintals, gehört zu den attraktivsten Kletterrevieren der gesamten Region. Zwar wurde es 1984 zum Naturschutzgebiet erklärt, das Klettern aber ausdrücklich erlaubt. Die über 100 Routen und Varianten sind für Anfänger ebenso geeignet wie für Fortgeschrittene. Die Felsen aus Quarzit sind bis zu 20 Meter hoch. Parken kann man an der B9 unterhalb der Burg Reichenstein in Trechtingshausen.

## Museen

Für einen Regentag ist im Mittelrheintal bestens gesorgt: Ob Wissenswertes zum Wein, zur Geschichte des Tales, zur Schifffahrt oder zu berühmten Persönlichkeiten: Für jeden Geschmack ist in Sachen Museen etwas dabei.

### Rhein-Museum

Charlottenstraße 53a, 56077 Koblenz-Ehrenbreitstein
Tel.: 0261/703450
info@rhein-museum.de, www.rhein-museum.de
Öffnungszeiten: Täglich 10–17 Uhr
Themen: Ausstellung zum Thema Rhein: Schifffahrt, Ökologie, Hydrologie, Geschichte, Tourismus

### Wahrschau- und Lotsenmuseum St. Goar

An der B9
56329 St. Goar
Kontakt: Kurt Hubrath
Tel.: 06741/7997
Thema: Geschichte der Lotsen und der Wahrschaustationen

### Flößermuseum

Rheinuferstraße 34, 56341 Kamp-Bornhofen
Tel.: 06773/1267 od. 9373
Öffnungszeiten: April bis Oktober Mi von 14.30–17 Uhr oder nach Vereinbarung
Thema: Dampfschifffahrt und Flößerei auf dem Rhein

### Besucherzentrum Loreley

Auf der Loreley, 56346 St. Goarshausen
Tel.: 06771/599093
info@besucherzentrum-loreley.de
www.loreley-touristik.de
Öffnungszeiten: März bis Oktober von 10–17 Uhr
Mo geschlossen

### Blüchermuseum

Metzgergasse 6, 56349 Kaub
Tel.: 06774/400 od. 222
Öffnungszeiten: Im Sommer von 11–16 Uhr, im Winter von 14–17 Uhr, Mo geschlossen
Thema: Rheinübergang Blüchers 1813/14

### Weinbaumuseum Brömserburg

Rheinstraße 2, 65385 Rüdesheim
Tel.: 06722/2348
www.rheingauer-weinmuseum.de
Öffnungszeiten: Mitte März bis Ende Oktober, täglich 9–18 Uhr, letzter Einlass 17.15 Uhr

*In der Brömserburg in Rüdesheim befindet sich heute ein Weinbaumuseum.*

### Asbach Besucher Center

Ingelheimer Straße 4
65385 Rüdesheim
Tel.: 06722/497345
www.asbach.de
Thema: Herstellung des berühmten Weinbrandes

### Mittelalterliches Foltermuseum

Grabenstraße 13, 65385 Rüdesheim
Tel.: 06722/47510
fomuseum@aol.com
www.foltermuseum.com
Öffnungszeiten: Anfang April bis Ende November von 10–18 Uhr, Januar bis März nur Sa und So
Thema: Folterwerkzeuge und Bildergalerie

### Thonetmuseum

Kurfürstliche Burg, 56154 Boppard
Tel.: 06742/10369
Öffnungszeiten: April bis Oktober von 10–12.30 Uhr und 13.30–17 Uhr, Mo geschlossen, Eintritt frei
Themen: Stühle von Michael Thonet, Heimatgeschichte

*Die Festung Ehrenbreitstein in Koblenz beherbergt heute das Landesmuseum Koblenz.*

### Landesmuseum Koblenz

Festung Ehrenbreitstein
56077 Koblenz
Tel.: 0261/97030
info@landesmuseumkoblenz.de
www.landesmuseumkoblenz.de
Öffnungszeiten: März bis November täglich von 9.30–17 Uhr
Themen: Wirtschafts- und Sozialgeschichte der Region Koblenz

### Ludwig Museum im Deutschherrenhaus Koblenz

Danziger Freiheit 1, 56068 Koblenz
Tel.: 0261/304040
info@ludwigmuseum.org
www.ludwigmuseum.org
Öffnungszeiten: 10.30–17 Uhr, Mo geschlossen
Sonn- und Feiertags 11–18 Uhr
Themen: Moderne Kunst vor allem aus Frankreich

### Mittelrhein-Museum Koblenz

Florinsmarkt 15–17, 56068 Koblenz
Tel.: 0261/1292520
info@mittelrhein-museum.de
www.mittelrhein-museum.de
Öffnungszeiten: 10.30–17 Uhr, Mo geschlossen
Sonn- und Feiertage 11–18 Uhr
Themen: Malerei des 19. Jhs., die Rheinische Landschaft, archäologische Funde von der Steinzeit bis zur fränkischen Zeit und der Römerzeit

### Historisches Museum am Strom

Museumsstraße 3, 55411 Bingen
Tel.: 06721/990654 oder 06721/991531
historisches-museum@bingen.de
Öffnungszeiten: 10–17 Uhr, Mo geschlossen
Themen: Hildegard von Bingen, Romantik, Ärztebesteck eines römischen Chirurgen

**Kulturhaus Oberwesel**

Rathausstraße 23, 55430 Oberwesel
Tel.: 06744/714726
Öffnungszeiten: Di bis Fr von 10–17 Uhr, Wochenende und Feiertage 14–17 Uhr
museum@kulturhaus-oberwesel.de
www.kulturhaus-oberwesel.de
Themen: Stadtgeschichte und Geschichte der Region

## Musikfestivals

Gleich zwei renommierte und hochrangige Klassik-Festivals verwöhnen im Juli und August die Zuhörer im Mittelrheintal: Von Koblenz bis Bingen die Mittelrhein Musik Momente und zwischen Rüdesheim und Wiesbaden das Rheingauer Musik Festival, das mit jährlich rund 150 Veranstaltungen und über 120.000 Besuchern zu den führenden Musikfestivals in Deutschland gehört. Nähere Infos und alle Konzerttermine gibt es unter den Internetadressen www.musik-momente.de sowie unter www.rheingaufestival.de

*Kultur vom Feinsten bieten jedes Jahr die Mittelrhein Musik Momente, wie hier vor der Kulisse der Festung Ehrenbreitstein.*

## Rhein in Flammen

Zu den berühmtesten Festen am Mittelrhein gehört „Rhein in Flammen". Tausende von Besuchern säumen die Ufer, um das perfekte inszenierte Lichterspiel mitzuerleben. Denn Rhein in Flammen ist ein Fest der Superlative: Der längste Schiffskorso, bestehend aus 70 festlich beleuchteten Schiffen, passiert innerhalb von 90 Minuten acht Feuerwerke. Höhepunkt ist das Feuerwerk, das von der Festung Ehrenbreitstein gegen 23 Uhr abgeschossen wird. Neben „Rhein in Flammen" bieten noch drei weitere Veranstaltungen das nächtliche Lichtermeer :

**„Rhein im Feuerzauber"**:
1. Samstag im Juli, Bingen und Rüdesheim

**„Rhein in Flammen"**:
2. Samstag im August, von Braubach bis Koblenz

**„Nacht der 1000 Feuer"**:
2. Samstag im September, Oberwesel

**„Flammen an der Loreley"**:
3. Samstag im September, St. Goar und St. Goarshausen

## Schifffahrtsgesellschaften

Eine Schiffsreise auf dem Rhein gehört fast zum Pflichtprogramm eines Rheinbesuches. Fast an jeder Rheingemeinde gibt es Anlegestellen, von wo die Schiffe der verschiedenen Anbieter starten. Die größte Flotte besitzt die **Köln-Düsseldorfer**. Insgesamt 14 Schiffe pendeln auf Rhein und Mosel, darunter der originale Schaufelraddampfer „Goethe". Als Fahrgast hat man die Wahl zwischen Burgentouren, Nostalgietouren oder Weintouren. Außerdem gibt es einen regelmäßigen Linienverkehr. Mit vier Schiffen ist die **Loreleylinie Weinand** aus Kamp-Bornhofen unterwegs. Sie bietet einen Linienverkehr auf der Strecke Boppard – St. Goar – Rüdesheim an sowie Tagesfahrten, Abendfahrten und Tanzfahrten.

Zur Burgenfahrt lädt „Das deutsche Eck" ein, das Fahrgastschiff der **Personenschifffahrt Merkelbach**. Die Anlegestellen befinden sich zwischen Koblenz und Braubach. Ebenfalls zwischen Koblenz und Braubach verkehrt die **Personenschiffahrt Vomfell**. Auf zwei Schiffen finden regelmäßig verschiedene Events sowie Fahrten auf Rhein und Mosel statt. Ihren Heimathafen in Boppard hat die **Hebel-Linie**. Mit drei Schiffen stehen unter anderem Tagesfahrten nach Rüdesheim, Rhein-Mosel-Rundfahrten und zahlreiche Sonderfahrten an. Ebenso wie bei der **Rössler-Linie**. Auch sie ist mit drei Schiffen unterwegs und bietet neben regulären Burgenfahrten schwimmende Weinproben, Romantiktouren und Ausflüge an Main und Mosel.

**KD - Köln Düsseldorfer**
*Frankenwerft 35*
*50667 Köln*
*Tel.: 0221/2088318*
*info@k-d.com*
*www.koeln-duesseldorfer.de*

**Loreleylinie Weinand**
*Rheinuferstraße 56*
*56341 Kamp-Bornhofen*
*Tel.: 06773/341*

**Personenschiffahrt Merkelbach**
*Emser Straße 93*
*56076 Koblenz*
*Tel.: 0261/76810*

**Personenschiffahrt Vomfell**
*Koblenzer Straße 63*
*56322 Spay*
*Tel.: 02628/2431*
*Schiffstel.: 0170/2711108*
*www.marksburgschiffahrt-vomfell.de*

**Hebel-Linie**
*Rheinallee 35*
*56154 Boppard*
*Tel.: 06742/2420*
*info@hebel-linie.de*
*www.hebel-linie.de*

**Rössler-Linie**
*Lorcher Straße 34*
*65385 Assmannshausen*
*Tel.: 06722/2353*
*info@roesslerlinie.de*
*www.roesslerlinie.de*

## Verkehrsämter

Die Adressen der meisten Verkehrsämter finden sich in den Randnotizen der einzelnen Touren. Auf der folgenden Seite die wichtigsten noch einmal auf einen Blick.

## Wanderwege

Wer bereits die eine oder andere Tour hinter sich hat, hat es schon bemerkt: Die Auswahl der Wanderwege am Mittelrhein ist riesig. Die vermutlich ältesten Wanderwege Deutschlands sind die beiden **Rheinhöhenwege** links und rechts des Rheins mit einer Länge von je 500 Kilometern. Der rechtsrheinische Rheinhöhenweg beginnt bei Wiesbaden am Kurpark und endet in Bonn. Der linksrheinische

**Loreley-Touristik**
Bahnhofstraße 8
56346 St. Goarshausen
Tel.: 06771/9100
Fax: 06771/91015
info@tal-der-loreley.de
www.tal-der-loreley.de

**Tourist-Information Koblenz Hauptbahnhof**
Bahnhofplatz 17, 56068 Koblenz
Tel.: 0261/31304
Fax: 0261/1004388
info-hbf@touristik-koblenz.de
www.touristik-koblenz.de

**Tourist-Information Koblenz Rathaus**
Jesuitenplatz 2, 56068 Koblenz
Tel.: 0261/130920
Fax: 0261/1309211
info-jesuitenpl@touristik-koblenz.de
www.touristik-koblenz.de

**Tourist-Information Boppard**
Marktplatz (Altes Rathaus)
56154 Boppard
Tel.: 06742/3888
Fax: 06742/81402
tourist@boppard.de
www.boppard.de

**Rüdesheim Tourist-Center**
Geisenheimer Straße 22
D-65385 Rüdesheim
Tel.: 06722/19433
Fax: 06722/3485
touristinfo@t-online.de
www.ruedesheim.de

**Rhein-Nahe-Touristik**
Oberstraße 45
55422 Bacharach
Tel.: 06743/919303
Fax: 06743/919304
info@rhein-nahe-touristik.de
www.bacharach.de

**Tourismusinformation Oberwesel**
Rathausstraße 3
55430 Oberwesel
Tel.: 06744/710624
Fax: 06744/1540
info@oberwesel.de
www.oberwesel.de

**Tourist-Information Bingen**
Rheinkai 21, 55411 Bingen
Tel.: 06721/184205
Fax: 06721/184214
tourist-information@bingen.de
www.bingen.de

Rheinhöhenweg hat seinen Anfang in Alsheim und endet in Bonn am Venusberg. Näheres zur Routenführung unter www.rheinhoehenweg.de.
Anspruchsvoller von der Streckenführung ist der **Rheinsteig**, der den Rheingau, das Rheintal und das Siebengebirge miteinander verbindet. Auf 300 Kilometern führt der Wanderweg auf meist schmalen Pfaden von Wiesbaden bis nach Bonn. Während der Rheinhöhenweg oft weit ins Hinterland führt, bleibt der Rheinsteig möglichst nah am Rhein und ist mit einigen Höhenmetern auch für an-

*Zwei Wanderwege, die seit 2004/2005 den Mittelrhein bereichern: Der Rheinsteig (oben) und der Rheinburgenweg.*

spruchsvolle Wanderungen interessant. Weitere Infos unter www.rheinsteig.de. Von Burg zu Burg führt der **Rheinburgenwanderweg.** Rechts und links des Rheins verbindet er von Bingen bzw. Rüdesheim bis Koblenz 28 Burgen des Welterbegebietes miteinander. Damit ist er der Wanderweg mit der höchsten Burgendichte Europas.

## Wanderkarten

Am besten orientieren kann man sich bei Wanderungen am Mittelrhein mit den topografischen Freizeitkarten der Landesvermessungsämter Rheinland-Pfalz und Hessen. Für den Bereich Oberes Mittelrheintal gibt es drei topografische Karten im Maßstab 1:25000. Region Rüdesheim/Bingen: ISBN 3-89637-365-X, Koblenz: ISBN 3-89637-363-3 und Loreley: ISBN 3-89637-364-1

## Weihnachtsmarkt

Selbst aus England strömen zur Adventszeit die Gäste nach Rüdesheim. Ihr Ziel: Der größte Weihnachtsmarkt im Mittelrheintal. Der „Weihnachtsmarkt der Nationen" lockt mit rund 120 festlich geschmückten Weihnachtshäuschen von 12 Nationen. Näheres unter www.weihnachtsmarkt-der-nationen.de

## Zwiebelkuchenfest

Auf eine lange Tradition blickt der Zwiebelmarkt in Boppard zurück; seine Anfänge reichen bis ins späte Mittelalter, als die Anbieter von Zwiebeln einer nahen Rheininsel ihre Zwiebelernte in Boppard verkauften. Er findet Mitte September am Rheinufer und auf dem Marktplatz in Boppard statt. Einen Monat später, Mitte Oktober, lockt in Lorch das Zwiebelkuchenfest. In zahlreichen Weingütern gibt es zu spritzigem Federweißen leckeren und natürlich selbst gebackenen Zwiebelkuchen.

*Fast wie in den Alpen: Ein typischer Wanderpfad am Mittelrhein, hier der Rheinburgenweg oberhalb von St. Goar-Fellen.*